MENTORES
SEGUNDO O CORAÇÃO DE
DEUS

WAYNE CORDEIRO

MENTORES
SEGUNDO O CORAÇÃO DE
DEUS

preserve sua alma, estabeleça seu legado e mantenha viva a Palavra de Deus dentro de você

Tradução
Andrea Filatro

Vida

EDITORA VIDA
Rua Conde de Sarzedas, 246 — Liberdade
CEP 01512-070 — São Paulo, SP
Tel.: 0 xx 11 2618 7000
atendimento@editoravida.com.br
www.editoravida.com.br
@editora_vida /editoravida

MENTORES SEGUNDO O CORAÇÃO DE DEUS
©2007, de Wayne Cordeiro
Título do original
The Divine Mentor
Edição publicada por
BETHANY HOUSE
uma divisão da Baker Publishing Group,
GRAND RAPIDS, MICHIGAN, 49516, U.S.A.

Todos os direitos desta edição em língua portuguesa são reservados e protegidos por Editora Vida pela Lei 9.610, de 19/02/1998.

É proibida a reprodução desta obra por quaisquer meios (físicos, eletrônicos ou digitais), salvo em breves citações, com indicação da fonte.

■

Exceto em caso de indicação em contrário, todas as citações bíblicas foram extraídas da *Nova Versão Internacional* (NVI) ©1993, 2000, 2011 by *International Bible Society*, edição publicada por Editora Vida.
Todos os direitos reservados.

Todas as citações bíblicas e de terceiros foram adaptadas segundo o Acordo Ortográfico da Língua Portuguesa, assinado em 1990, em vigor desde janeiro de 2009.

■

Editor responsável: Gisele Romão da Cruz
Revisão de tradução: Noemi Lucília de Ferreira
Revisão de provas: Polyana Lima
Assistente editorial: Alexandra Resende
Diagramação: Efanet Design
Capa: Arte Vida

As opiniões expressas nesta obra refletem o ponto de vista de seus autores e não são necessariamente equivalentes às da Editora Vida ou de sua equipe editorial.

Os nomes das pessoas citadas na obra foram alterados nos casos em que poderia surgir alguma situação embaraçosa.

Todos os grifos são do autor, exceto os indicados.

1. edição: dez. 2008
1ª reimp.: out. 2011
2ª reimp.: nov. 2012
3ª reimp.: mai. 2015
4ª reimp.: out. 2015
5ª reimp.: jul. 2016
6ª reimp.: maio 2018
7ª reimp.: nov. 2020
8ª reimp.: jun. 2022
9ª reimp.: jun. 2024

Dados Internacionais de Catalogação na Publicação (CIP)
(Câmara Brasileira do Livro, SP, Brasil)

Cordeiro, Wayne
Mentores segundo o coração de Deus: preserve sua alma, estabeleça seu legado e mantenha viva a Palavra de Deus dentro de você / Wayne Cordeiro; tradução Andrea Filatro — São Paulo: Editora Vida, 2008.

Título original: *The Divine Mentor*
ISBN 978-85-383-0084-7

1. Bíblia - Livros-texto 2. Vida espiritual - Cristianismo I. Título.

08-09555   CDD 248.4

Índice para catálogo sistemático:
1. Vida espiritual : Cristianismo 248.4

DEDICATÓRIA

Este livro é dedicado a alguém que salvou minha vida: Jeremias.

Em um mundo em que líderes emergentes e empreendedores estão à procura de melhores práticas e estratégias inovadoras, existe um chamado para retornar à Palavra de Deus como nossa base. Durante anos, minha tendência foi deixar a fonte da Água Vida e encher minhas cisternas com idéias missionárias contemporâneas, mas elas se dispersavam.[1] Jeremias me encorajou a falar diariamente com mentores segundo o coração de Deus; e isso mudou minha vida completamente. Sou grato também a outros que instilaram em mim o amor pela Palavra de Deus: Joe Wittwer, pastor do Centro da Vida, em Spokane, Washington; e Dale Coffing de Albuquerque, do Novo México, que me encorajou a publicar este sistema simples, o qual poderá também mudar a vida daqueles que o lerem.

---

[1] V. Jeremias 2.13.

SUMÁRIO

Prólogo..9
Introdução..11

Parte um: *A voz que traz vida*
1. Cercas sagradas..17
2. Você não tem as qualidades necessárias.........................26
3. Programa de auto-alimentação..................................43
4. Um lugar de descanso..57

Parte dois: *Como ouvir a voz de Deus*
5. Apenas uma coisa para Marta....................................75
6. Cinco coisas para a vida..93
7. O método dos quatro passos...................................112
8. Pão fresco..125

Parte três: *Quão doce é essa voz!*
9. Carvalho puro..143
10. A hora da verdade...162
11. Deleitando-se na Palavra de Deus.............................182
12. A universidade do Espírito Santo.............................204

Uma palavra final: A presença de Deus...........................221
Apêndice: Questões mais frequentes..............................232
Diário..244

Prólogo

A fumaça se avolumava no horizonte. Fumaça onde não deveria haver fumaça — pelo menos, não uma coluna tão intensa como aquela.
Não podia ser nada bom. *Terroristas.* O que mais poderia ser?

À medida que nos aproximamos, pudemos ver algumas chamas devorando pilhas de entulhos. Ali, onde antes existiam casas, ruas, parques, jardins, não havia mais nada. Fumaça, ruínas, cinzas. Mais nada.

Paralisados pelo choque, só nos restava observar assustados. Onde estavam as casas? *Onde estavam as mulheres e as crianças?*

Nós nos inclinamos por sobre o terreno — alguns deslizando, alguns saltando, alguns andando de um lado para o outro, caindo, levantando e caindo novamente. Cada homem correu até o local em que ficava sua casa, agarrado à esperança de ver alguém mover-se nas ruínas: um rosto querido, um vulto cambaleando que saísse da área devastada. Mas não havia ninguém. Nenhum som além do estalido seco das chamas, soprado por um solitário vento do deserto.

Onde estavam os corpos? Não vimos nenhum. Os terroristas tinham seqüestrado todas as mulheres e as crianças da vila!

Choramos sem nenhuma vergonha. Alguns lançavam maldições; outros, angustiados, gritavam os nomes dos seus entes queridos. Murmurando uns para os outros, começamos a formar grupos, enquanto trocávamos olhares, acenando com a cabeça e manuseando nossas armas. Parecia o momento que antecede a uma violenta tempestade, quando o ar se torna tenso e asfixiante. Foi quando ele caiu de joelhos, agitado em agonia. Não seria tão difícil se os *seus* entes queridos tivessem sido poupados.

Não podíamos fazer nada, a não ser assistir à cena. E, à medida que ele expressava sua tristeza, implorando por ajuda e direção, sua linguagem corporal começou a mudar. A tensão parecia sair de seus ombros. Suas mãos se abriram, e ele levantou a cabeça enquanto orava. Finalmente, levantando-se outra vez, limpou as lágrimas, alinhou os ombros e falou com voz firme.

Seja o que for, *alguma coisa* aconteceu naquela rocha no extremo da completa devastação. Naquele pequeno espaço de tempo, ele encontrou força, confiança e determinação revigorada. Deus deve ter-lhe dado um plano também, porque não demorou muito até partirmos como vento no rastro dos invasores.

Naquele momento, pudemos acreditar novamente. E cresceu dentro de nós a confiança de que recuperaríamos das cinzas de Ziclague tudo o que havíamos perdido, e talvez até algo mais.

Introdução

Meus melhores amigos estão na Bíblia. Deixe-me apresentar a você um dos mais próximos: Davi. Vocês já foram apresentados? Você já o *conhece*, não é? Você provavelmente o conhece melhor como o *rei* Davi, mas, quando se deu este incidente,[1] ele ainda tinha um longo caminho a ser percorrido antes de assumir o trono da antiga Israel.

E isso me traz à mente algo realmente memorável. Davi partiu desta terra há mais de três milênios. Entretanto, ele e eu ainda nos encontramos semanalmente. Ele ainda ensina, fala, encoraja e instrui.

Caminhando com Davi por entre as ruínas ardentes de Ziclague, encontro ajuda e força para os desafios que surgem no meu caminho.

E Davi não está sozinho — ele é somente um de uma comunidade de instrutores de elite à nossa disposição! Ao longo dos anos, tenho navegado com Noé e caminhado com Moisés. Mergulhar no mundo bíblico para aprender com esses meus amigos e heróis *transformou* o meu ser.

Jeremias salvou minha vida. Neemias sacudiu meu vacilante ministério. Por suas lutas com a riqueza e a mesquinharia, Salomão me levou a ser uma pessoa de excelência, sem pompa nem luxo.

---

[1] V. 1Samuel 30.

Freqüentemente, ouço líderes reclamando da escassez de mentores. Entretanto, nós os temos procurado nos lugares errados, já que os maiores mentores não serão encontrados no mundo terreno. Eles esperam por nós em outra dimensão. Quando o aluno estiver pronto, os mentores aparecerão. Esses heróis e suas histórias estão esperando por você.

Pois tudo o que foi escrito no passado, foi escrito para nos ensinar, de forma que, por meio da perseverança e do bom ânimo procedentes das Escrituras, mantenhamos a nossa esperança.[2]

Encorajamento é a língua materna de Deus. Encorajamento sem mudança, porém, é como uma bicicleta com um único pedal. A nossa participação é igualmente necessária. *O encorajamento se torna esperança quando as instruções divinas encontram nossa pronta aceitação e aplicação.*

A jornada que você está prestes a iniciar é interativa. As lições que você aprenderá neste livro foram depuradas por mais de trinta e três anos de amizade com mentores de todas as épocas. O que você está prestes a aprender é a questão mais importante com que eu já defrontei. Não se trata de um programa. É a aventura de uma vida inteira, oferecida apenas a alunos ávidos por vivenciá-la.

Temos apenas uma vida para viver neste globo em movimento, e muitas pessoas já chegaram à metade do caminho sem perceber que essa vida não cairá simplesmente em nosso colo sem a nossa participação e o nosso envolvimento. Ou, pior ainda, que a vida não continua pura e respeitável diante de nossas escolhas erradas. Ela só produzirá o seu melhor fruto para agricultores diligentes, e os seus tesouros, para peregrinos zelosos.

---

[2] Romanos 15.4.

Converso com milhares de homens e mulheres na casa dos 50, 60 anos ou mais, que se afligem recordando suas tolas decisões passadas.

"Ah", eles dizem, "como eu gostaria de saber *naquela época* o que sei *agora*!". Se eles tivessem compreendido; se tivessem sido capazes de perceber; se tivessem voltado um passo atrás para alcançar alguma perspectiva — *então*, talvez, tivessem criado seus filhos de modo diferente. Ou não tivessem destruído sua saúde. Ou deixado naufragar seu casamento. Ou talvez tivessem evitado tantos desgostos que os deixaram numa posição de eterno arrependimento.

MENTORES SEGUNDO O CORAÇÃO DE DEUS

Você não precisa viver atado a uma cadeia interminável de "se ao menos". Realmente não precisa disso. Deus deu uma tarefa a certos homens e mulheres, os quais, embora mortos, "ainda falam".[3]

A esses instrutores foi delegada a tarefa e a obrigação de instruir aqueles que se alistam. Seguindo de perto esses homens e mulheres, você pode:

- Encontrar a ajuda de que precisa quando surgem testes e provações;
- Caminhar tanto com os heróis quanto com os tolos da Bíblia;
- Começar a pensar como Deus pensa, de modo que possa responder como ele responde;
- Evitar erros que têm um custo muito alto, impedindo assim décadas de miséria.

Os mentores lhe darão força, direção e esperança, mesmo quando você atravessar as passagens mais estreitas e atemorizantes da vida.

---

[3] V. Hebreus 11.4.

E o Espírito Santo promete exalar, no seu presente, lições-chave do passado, tornando-as vivas. Abraão será seu mentor na fé. Você aprenderá com Sansão sobre o autocontrole sexual. Daniel o ensinará a influenciar a sua comunidade. Rute o instruirá a respeito do amor e da lealdade.

Deixe-me conduzi-lo na maior aventura de sua vida. Caminhe comigo enquanto visitamos homens e mulheres de Deus cheios de fé (bem como umas poucas pessoas de má índole).

Estão todos esperando por você.

PARTE 1

A VOZ QUE TRAZ VIDA

CAPÍTULO

1

Cercas sagradas

*Acima de tudo, guarde o seu coração,
pois dele depende toda a sua vida.*[1]

— SALOMÃO

Em um agradável dia de verão de 1606, em um bosque de sequóias altas, num lugar que viria a ser conhecido como Califórnia, uma minúscula muda despontou da terra virgem. Extraindo energia da luz solar filtrada por entre as elevadas sentinelas, a plantinha ergueu pequenos ramos em direção à luz e ao calor que a tinham despertado.

Um ano mais tarde, à medida que a muda se transformava em broto, a London Company fundava o povoado de Jamestown, no Estado da Virgínia.

Um ano depois, conforme o broto se transformava em uma jovem sequóia, um aventureiro chamado Samuel de Champlain fundava a cidade de Quebec, na Nova França, um território que um dia seria chamado de Canadá.

Três anos depois, quando o topo da sequóia superava três metros acima do solo da floresta, um grupo de estudiosos lançava

---

[1] Provérbios 4.23.

uma elegante versão da Bíblia, que seria conhecida como a *King James*.

Em 1618, quando a árvore já tinha a altura de quase dois andares, a Europa se envolveu em um conflito que, mais tarde, seria citado nos livros de História como Guerra dos Trinta Anos.

À medida que a árvore continuava a crescer, a América se tornava uma nação, enfrentava uma guerra civil, aliava-se à Europa em duas guerras mundiais, levava o homem à Lua e sofria nas mãos do atentado terrorista de 11 de setembro de 2001.

Por todos esses eventos, atravessando séculos, a pequena muda se tornou um grande titã da floresta, pairando a mais de 70 metros sob o sol da Califórnia.

E, então, apenas alguns anos atrás, a árvore tombou sobre a terra em um estrondoso colapso. Foi a primeira das magníficas sequóias de Yosemite a cair em muitos anos; por essa razão, o Serviço Florestal iniciou uma investigação oficial. Que força misteriosa teria derrubado aquele gigante? O que teria feito uma árvore tão majestosa tombar daquela maneira?

Não houve nenhuma tempestade, ou fogo, ou enchente, ou trovão. A árvore tombada não demonstrava evidências de ataque animal ou de dano por algum inseto. Depois de examinar a árvore tombada, os guardas e os peritos florestais chegaram a uma conclusão surpreendente.

Movimentação humana.

Em uma entrevista para a CNN, a guarda-florestal Deb Schweizer explicou que a movimentação humana em torno da base da árvore nos últimos anos tinha danificado as raízes e contribuído para o colapso. Ela acrescentou que as autoridades florestais, a partir de então, instituíram a política de cercar as sequóias mais antigas, altas e significativas, "para impedir que o público pisasse nas raízes desses gigantes".

Depois de assistir a essa reportagem, recostei-me em minha cadeira. Como o rei Salomão relatou no livro de Provérbios: "Observei aquilo, e fiquei pensando; olhei, e aprendi esta lição".[2] Pensei: *Mesmo as fortes e veneráveis árvores que existem há centenas de anos não conseguem sobreviver quando não há proteção — quando não há cercas sagradas em torno de suas raízes.*

O que é verdadeiro para as sequóias é também verdadeiro para nós. Temos raízes delicadas — mais frágeis do que podemos imaginar — e, a menos que encontremos uma forma de proteger e nutrir essas raízes, nós também tombaremos. Talvez a queda ocorra por meio de um grande colapso físico, emocional ou moral, ou talvez aconteça pouco a pouco ao longo de meses e anos, enfraquecendo gradualmente nossa vida, desgastando a nossa personalidade, matando a essência de quem somos e de quem poderíamos ser.

Acredite em mim, sei do que estou falando.

UM AMIGO QUE SALVOU MINHA VIDA E MEU MINISTÉRIO

Meu tempo diário aos pés de Cristo permite que os mentores bíblicos tenham acesso a mim. Ele me põe face a face com outros que enfrentam reveses no ministério.

Era exatamente esse o ponto em que eu estava. Então, agendei um encontro com diversas pessoas que conhecem a minha história.

Uma delas foi José, que, embora fizesse o seu melhor para Deus, passou dois anos esquecido na prisão.

Outro foi Elias, que estava deprimido e ficou desesperado.

Além desses, havia Davi, que, ao retornar de uma batalha, descobriu que sua família fora feita cativa e todos os seus bens haviam sido roubados. Foi então que ele e seus homens se lamentaram até não poderem mais. Você já se sentiu assim?

---

[2] Provérbios 24.32.

Mas foi Jeremias quem salvou minha vida.

Meu barco tinha virado. Eu tinha consumido as minhas forças até que a última gota de energia secasse. Eu perdera a visão e o desejo de prosseguir. Uma pequena depressão me assolou como se fosse uma nuvem negra. Constantemente, eu verificava se havia economizado o suficiente para poder me aposentar cedo, sair de cena e me tornar anônimo para sempre.

Durante muitos meses de agonia, fiz todo o possível para desatar o nó que apertava o meu coração.

Aberto a qualquer oferta razoável de trabalho, lutava para manter em dia minha agenda de pregação e meus deveres ministeriais. Entretanto, uma coisa de que nunca abri mão foram minhas devocionais diárias. Fico extremamente feliz, porque isso salvou meu futuro.

Era hora do café-da-manhã. Sentei com um de meus parceiros de responsabilidade: Jeremias.

Ele entendia meus sentimentos quando eu desabafava. Tínhamos algo em comum naquele dia. Parecia que ele havia topado com a mesma parede que estava agora à minha frente. Acho que cheguei ao fim da linha, assim como aconteceu com ele. Eu caminhava no meio de um oceano devastado pela tempestade. Seria apenas uma questão de tempo, antes de eu perder a esperança.

Jeremias foi ridicularizado, desprezado e condenado ao ostracismo. Jeremias foi cercado pela desesperança e pela descrença.

> Há os que vivem me dizendo:
> "Onde está a palavra do SENHOR?
> Que ela se cumpra!"[3]

Jeremias compreendeu. Sentia o que eu estava sentindo. Fui confortado por sua empatia.

---

[3] Jeremias 17.15.

Eu me sentia confuso e rejeitado. *Onde estão a cura e a renovação prometidas por Deus?* Eu gostaria de saber. *Se elas não chegarem agora, qual será a sua utilidade?* Eu me agitava em um mar de desespero, sem nenhuma ajuda em vista.

Foi o versículo seguinte que me salvou. Não, não foi uma poção mágica. Foi a declaração de um amigo — gentil, mas firme. Falando originalmente ao Senhor, Jeremias declarou: "*Mas eu não me recusei a ser pastor...*".[4]

Ele falou como só um amigo poderia falar. Firme, mas sem agressão. Direto, mas sem ofensa. Em outras palavras:

> Você pode ir, se quiser. Mas eu não tenho pressa. Ele me chamou para ser um pastor. Agora eu posso ser um pastor doente ou um pastor ferido, mas não sou um *ex*-pastor. Você pode fazer o que quiser, mas, quanto a mim, continuarei com o meu plano original.

Jeremias lançou diante de mim uma tábua de salvação no meio daquele mar furioso. Não um barco salva-vidas completo, veja bem, e eu definitivamente ainda não estava em terra firme. Era apenas uma tábua de salvação; uma tábua à qual eu me agarrei, uma tábua que me manteve flutuando até que o barco de resgate chegasse. Eu tive de esperar, mas era exatamente daquilo que eu precisava.

Creio que foi o desafio de um amigo para outro. Fosse o que fosse, aquilo me manteve vivo. Salvou meu ministério. E me deu a força que eu não obteria sem aquele auxílio.

Jeremias passou por muito mais coisas do que eu, embora ele nunca tenha considerado minha luta algo pequeno ou sem importância. Ele compreendia, de uma forma que somente um amigo pode fazer. Porque eu havia sentado ao seu lado tantas vezes, eu tinha desenvolvido o relacionamento de que precisava

---

[4] Jeremias 17.16 (*ARA*).

para ouvir seus conselhos, seus desafios, seu amor por pastores lutadores como eu.

Eu gostaria de saber quantas pessoas se sentem sobrecarregadas, esgotadas e prestes a desfalecer. Quantas, como eu, têm permitido que a movimentação humana prejudique suas raízes? Quando permitimos isso, corremos o risco de tombar ao chão.

Foi uma cerca sagrada em torno de minhas raízes que me salvou da queda. Não foi a ausência de estresse ou de desafio. Não foi a ausência de problemas. Foi uma cerca sagrada que guardou meus alicerces e permitiu-me permanecer de pé.

Que tipo de movimentação humana você enfrenta diariamente? Muito mais do que pode imaginar.

Alguns de nós vivem a dificuldade de trabalhar longe de casa ou enfrentam longas jornadas de trabalho. Lutam todos os dias com infindáveis quantidades de *e-mails*, telefonemas e mensagens de textos.

Barulho. Gente conversando. Multidões. Política. Rádio. Telefone. Televisão. O cachorro do vizinho. Contas. Preocupações. Responsabilidades. Prazos. Tarefas intermináveis. Solicitação dos filhos. Conflitos afetivos.

A movimentação humana nos esgota. Não nos podemos esquivar da maioria dessas coisas. E essa não seria realmente a melhor solução. O que precisamos fazer é proteger a parte mais importante, aquela parte que se localiza no mais profundo da nossa alma, e que nos liga ao nosso Criador.

Quero desafiar você a desenvolver um hábito para a vida inteira que fincará uma cerca sagrada em torno da essência de sua alma. Você não pode negligenciar isso, porque, como Davi pergunta, "Quando os fundamentos estão sendo destruídos, que pode fazer o justo?"[5]

---

[5] Salmos 11.3.

Precisamos ouvir e prestar atenção à mais importante de todas as lições. E quem conheceria melhor a essência da vida humana que o seu próprio Arquiteto e Construtor?

APENAS UMA COISA

Em Lucas 10.38-42, Jesus conta uma história sobre proteger a essência da alma:

> Caminhando Jesus e os seus discípulos, chegaram a um povoado, onde certa mulher chamada Marta o recebeu em sua casa. Maria, sua irmã, ficou sentada aos pés do Senhor, ouvindo a sua palavra. Marta, porém, estava ocupada com muito serviço. E, aproximando-se dele, perguntou: "Senhor, não te importas que minha irmã tenha me deixado sozinha com o serviço? Dize-lhe que me ajude!" Respondeu o Senhor: "Marta! Marta! Você está preocupada e inquieta com muitas coisas; todavia apenas uma é necessária. Maria escolheu a boa parte, e esta não lhe será tirada".

As duas irmãs amavam profundamente a Jesus. Imagine como se apressavam em deixar sua casa pronta para a chegada do Mestre. Não se tratava de um visitante qualquer; tanto Maria quanto Marta sabiam que Jesus era o Messias de Israel, há tanto tempo aguardado, e o verdadeiro Filho de Deus.

Antes que elas percebessem, lá estava ele no caminho, atravessando a porta e abrindo os braços para cumprimentá-las. Nesse momento, Maria parou todas as suas atividades e preparativos, deixou de lado a pilha de pratos e tomou um lugar aos pés de Jesus, o mais próximo que pôde. As tarefas domésticas podiam esperar. O jantar podia esperar. Ela fixou seus olhos apenas em Jesus. Ela concentrou seus ouvidos em uma única coisa: captar cada palavra dita por Jesus.

Marta, no entanto, via o trabalho como não terminado e continuou suas tarefas com fervor. Ela era um verdadeiro vendaval multitarefa — movia panelas, preparava molhos, assava pães. Sua agitação chegou ao ponto máximo quando ela viu que sua irmã estava à toa na sala. Como podia ela cuidar de tudo sozinha?

Finalmente, toda aquela frustração vulcânica entrou em erupção. Marta interrompeu o ensino de Jesus com uma exasperada declaração: "Senhor, não te importas que minha irmã tenha me deixado sozinha com o serviço? Dize-lhe que me ajude!".[6]

Para descrever a *distração* de Marta com todos aqueles preparativos, Lucas usou uma palavra que significa literalmente "ser puxado de um lado para o outro". Nós sabemos bem o que é isso, não é mesmo? Ser puxados de um lado para outro, até nos sentirmos como bonecos de trapo.

Jesus dirigiu-se à sua amiga: "Marta! Você está preocupada e inquieta com muitas coisas...". E então disse algo verdadeiramente revolucionário: "... *todavia apenas uma [coisa] é necessária.* Maria escolheu a boa parte, e esta não lhe será tirada".[7]

O que Maria tinha escolhido — sua decisão de cultivar um relacionamento com Jesus, acima de qualquer outra coisa — *nunca* lhe seria tirado. Pelo resto de sua vida. Por toda a eternidade.

Uma cerca sagrada. Uma escolha sua.

GUARDE O SEU CORAÇÃO

As escolhas que você faz com relação à essência de sua vida têm implicações eternas, que vão além de sua vã existência na terra. Conforme Paulo disse a seu jovem amigo-pastor Timóteo: "O exercício físico é de pouco proveito; a piedade, porém, para tudo é proveitosa, porque tem promessa *da vida presente e da futura*".[8]

Podemos criticar a pobre Marta por estar alvoroçada na cozinha enquanto sua irmã ouvia sentada na sala de jantar. Mas, em que medida somos diferentes? Somos tanto Marta *quanto* Maria.

---

[6] Lucas 10.40.
[7] Lucas 10.42.
[8] 1Timóteo 4.8.

Sempre haverá demandas disputando nosso tempo. Sempre haverá incêndios para apagar. Apesar disso, sempre haverá dentro de nós o anseio por um tempo para sentar-nos aos pés de Jesus.

Jesus disse que, quando você reduz a vida à sua essência — quando você pensa em termos de tempo *e* eternidade —, nada disso é realmente importante. Na verdade, ele diz que apenas uma coisa é essencial.

Escolheremos passar um tempo silencioso e reflexivo com o Senhor? Ou permitiremos que as pressões da vida nos levem ao esgotamento? Construiremos uma cerca sagrada em volta de nossa essência, ou permitiremos que o frenesi humano desgaste nossas raízes espirituais e nos derrube diretamente ao chão?

Maria fez sua escolha, e nós também precisamos fazer a nossa.

Salomão escreveu: "Acima de tudo, guarde o seu coração, pois dele depende toda a sua vida".[9] Ele também nos exortou a construir uma cerca sagrada em torno das fontes da nossa vida, a zelar pela proteção da primavera interior que nutre e estimula tudo aquilo que ainda faremos.

Como conseguir isso? Prometo uma coisa: se você desenvolver um programa de auto-alimentação a partir da Bíblia e, diariamente, durante uma hora, permitir ser instruído pelo Espírito Santo de Deus, sua vida sofrerá uma transformação positiva sem precedentes.

Proteger e cultivar seu sistema de raízes espirituais não é uma pílula mágica que, ingerida, lhe dará automaticamente riqueza, saúde e uma família perfeita. Essa proteção, porém, lhe dará acesso livre a um Deus todo-sábio e todo-poderoso, que caminhará pessoalmente ao seu lado, passo a passo. Você embarcará em uma aventura que lhe apresentará mentores segundo o coração de Deus, os quais poderão salvar sua saúde, seu casamento, seu ministério e seu futuro.

Se você fizer a escolha de Maria, receberá a recompensa de Maria.

---

[9] Provérbios 4.23.

CAPÍTULO

2

Você não tem as qualidades necessárias

*Os teus testemunhos são o meu prazer;
eles são os meus conselheiros.*[1]

Eu não tinha as qualidades necessárias, e sabia disso. Mas o que eu podia fazer? Iniciando o meu primeiro pastorado sênior, aos 31 anos de idade, eu me via diante de uma pequena igreja em uma pequena cidade no extremo sul da ilha havaiana.

Eu trabalhava e estudava seriamente, e fiz o melhor que pude. No entanto, depois de seis meses de pregação eu me convenci de que havia esgotado todas as mensagens que podia encontrar entre a capa e a contracapa da Bíblia. Eu simplesmente não sabia mais o que dizer. Apesar de minha frustração, eu continuava a estudar semana após semana, e continuava a deparar com um beco sem saída após outro.

Eu sabia que, se não encontrasse ajuda logo, acabaria me autodestruindo.

---

[1] Salmos 119.24.

Tentei pedir ajuda a outros pastores — e talvez a breve assistência de um mentor —, mas eles tinham a agenda tão lotada que se recusaram a atender-me.

Um final de tarde, quando brisas refrescantes começaram a soprar, saí de meu escritório para caminhar pela vizinhança. Aproximando-me de uma construção histórica, percebi que aquela era uma antiga igreja missionária de um de meus heróis ministeriais.

Em 1837, Deus usou um homem chamado Titus Coan para trazer um grande reavivamento ao Havaí. Coan amava tanto aquele povo queimado de sol que apenas três meses após desembarcar ele pregou seu primeiro sermão — *no idioma local!*

Os residentes da ilha ficaram tão impressionados com o seu desejo em alcançá-los que começaram a segui-lo em ondas. A silenciosa cidade de 10 mil habitantes cresceu para mais de 25 mil, nos anos seguintes, à medida que os nativos se moviam de distritos distantes em direção à Grande Ilha para ouvir Titus Coan pregar no idioma deles.

Conforme o missionário se aproximava do final de sua vida, escreveu uma autobiografia com relatos inéditos de suas atividades e realizações. O pastor Titus detalhou seus erros tanto quanto seus sucessos — coisas que ele não deveria ter feito, mas fez, e coisas que ele deveria ter feito, mas deixou de fazer. Escreveu sobre a maneira com que Deus o encorajou — mesmo nos tempos mais difíceis — entregando-lhe palavras de correção quando ele se desviava para um caminho errado.

Seu livro *Vida no Havaí* foi publicado originalmente em 1882, e, na época em que cheguei a Hilo, estava esgotado havia muitos anos. Na esperança de encontrar uma cópia antiga, fiz uma visita ao Museu Lyman. Para minha satisfação, encontrei o que estava buscando.

— Você tem uma cópia de *Vida no Havaí*, de Titus Coan? — perguntei à responsável pelo museu. Ela parecia tão velha quanto o livro.

— Sim — ela disse, com um toque de gelo na voz. — E o que você pretende fazer com esse livro?

— Apenas quero lê-lo — eu disse. — Sou pastor aqui, e ouvi dizer que se trata de um ótimo livro.

Ela me olhou de cima a baixo, e, hesitante, com um suspiro, disse que aquela era a única cópia da biblioteca, e era muito antiga e frágil. Somente alguém com permissão especial poderia entrar nos "Arquivos", o recinto sagrado onde ela conservava o livro. Ninguém poderia tomar emprestado ou copiar a obra.

Como eu queria desesperadamente colocar minhas mãos no livro, concordei em sentar e ouvir uma longa e detalhada orientação sobre os direitos e deveres de manusear aquele tesouro literário. Aquela velha guardiã dos Arquivos me fez sentir como se eu estivesse sendo iniciado em uma sociedade secreta.

INSTRUÍDO NOS ARQUIVOS

Depois de penhorar minha carta de motorista, minha certidão de nascimento e todos os meus bens terrenos, eu a segui em direção ao recinto sagrado. Lá estavam os Arquivos. Olhei em volta da sala mofada e escura e observei prateleira por prateleira de exemplares raros, cada um deles embrulhado individualmente para salvaguardar suas riquezas. Ela localizou o meu livro na terceira prateleira e, com o zelo meticuloso de um arqueólogo descobrindo o Santo Graal, colocou-o sobre uma mesa de madeira havaiana vermelha.

Suas mãos tremiam conforme ela desembrulhava cuidadosamente o exemplar, colocando a capa marrom ao lado de uma pilha perfeitamente dobrada.

— Agora, quando você o ler — ela me instruiu —, tenha cuidado ao virar cada página.

— Certo; sem problemas — respondi. (Eu já havia passado pelo treinamento.) Minhas mãos alcançaram o livro, e eu o abri sobre a rica mesa de madeira. Enquanto isso, a responsável pelo museu continuava em pé atrás de mim. Depois de um intervalo constrangedor, ela acrescentou:

— A propósito, não faça cópias deste livro — ela avisou, enfatizando cada palavra. — Fotocopiar danificará as páginas. Se você precisar copiar alguma coisa, terá de copiar à mão em um bloco de notas.

— Certo — concordei. — Sem fotocópias. E Deus abençoe você.

Sem dizer mais nada, ela nos deixou sozinhos — o velho Titus Coan e o jovem Wayne Cordeiro. Assim que sentamos juntos, ele conversou comigo por meio daquelas frágeis páginas amareladas.

Nos meses seguintes, eu me maravilharia com esse veterano pioneiro que estava sempre disponível para mim. Eu tinha perguntas, ele oferecia respostas. Eu carecia de instrução, ele dispunha de experiência. Eu precisava de coragem renovada, e ele a inspirava dentro de mim atravessando os anos.

Essa cerimônia era repetida duas ou três vezes por semana, e eu e a guardiã da biblioteca acabamos tornando-nos bons amigos. Ela sabia que eu voltaria, então esperava a minha chegada.

Para algumas pessoas, os Arquivos podem não significar nada mais que a sala dos fundos de um museu. Para mim, entretanto, era como um Starbucks,[2] onde o pastor Titus e eu tínhamos longas conversas. Semana após semana, da mesma forma que um antigo escriba hebreu copiava cuidadosamente a Torá, eu copiava, palavra por palavra, o conteúdo de *Vida no Havaí*. No final das contas, preenchi seis blocos de papel.

Que tesouro! A letra manuscrita era minha, mas o coração era dele. Cada página do original trouxe para a vida experiências memoráveis, equívocos infelizes e lições inestimáveis. Coan confessava

---

[2] Popular rede de cafeterias norte-americana, nas quais as pessoas não apenas fazem refeições, mas também reúnem-se com os amigos ou trabalham. Recentemente a rede inaugurou lojas no Brasil. [N. do T.]

que alguns erros cometidos podiam ser explicados por seu desconhecimento da cultura havaiana, e então ele descrevia o que Deus lhe ensinara e como ele decidiu nunca mais cometer os mesmos erros.

Como uma herança longamente esperada, jóias de sabedoria da vida de Titus Coan pipocavam de seu maravilhoso livro diretamente para o cofre do meu ministério. Ele se tornou meu mestre, um velho marinheiro ensinando-me a navegar pelos oceanos do serviço. Suas lições silenciosas começaram a moldar meu pensamento, ajudando-me a evitar muitos dos perigos à espreita dos jovens viajantes ansiosos por lançar-se a experiências ministeriais desconhecidas.

É quase impossível descrever quão precioso esse livro se tornou para mim.

Com freqüência, eu trocava a luz quente do sol e as gentis brisas do vento por aquela sala asfixiante, só para sentar ao lado de um homem que nunca encontrei pessoalmente, mas que se tornou um caro amigo. Titus Coan, rei guerreiro de uma época distante, era um mentor paciente. Ele me dedicou todo o tempo de que eu precisava, ensinando-me e disciplinando-me gradativamente, sorrindo para um jovem pastor que queria amar e servir o povo havaiano como ele havia feito.

Sem exagerar, acredito que ele me tenha poupado provavelmente uns 25 anos de sofrimento no ministério. Lendo aquele livro — absorvendo o conteúdo de cada página pelos poros de minha alma —, adquiri sua sabedoria sem ter de passar pelas mesmas experiências que o haviam ferido.

Acumulando sabedoria

Como um jovem ministro, devo admitir honestamente que eu não tinha as qualidades esperadas para ser um líder e um pastor do povo de Deus. Quando comecei, eu podia ter o zelo e até mesmo um chamado. No entanto, a própria natureza do trabalho missionário me fez concluir que, deixado à própria sorte, eu não terminaria a corrida. Eu precisava de ajuda externa e a encontrei no generoso conselho de Titus Coan.

Desde essa época, percebi que não são apenas os jovens ministros que precisam de ajuda. *Ninguém* possui as qualidades necessárias quando começa!

E o que nós precisamos acumular ao longo do caminho?

Sabedoria

Simplesmente não temos a sabedoria necessária para ser o pastor, a mãe, o pai, a esposa, o marido, o professor ou o líder de que esta geração necessita tão urgentemente. Não temos as qualidades necessárias para ligar todos os pontos que nos capacitariam a compreender as promessas que Deus nos dá, promessas poderosas que podemos reivindicar e ver cumpridas em nossa vida. Podemos ter sonhos e visões, mas não temos a sabedoria necessária para navegar pelos altos e baixos que certamente encontraremos pelo caminho. Podemos ter o privilégio de ocupar uma posição no ministério, mas não temos a sabedoria necessária para nos tornar tudo aquilo que esse papel exige de nós.

Em sua graça, Deus dá a você e a mim uma medida de fé que nos possibilita correr — mas não é tudo aquilo de que precisamos para alcançar a linha de chegada, nem mesmo dela nos aproximar. Nós precisamos adquirir e acumular isso ao longo do trajeto. Deus planejou a vida dessa forma para manter nosso coração capaz de ser ensinado e submisso ao seu coração.

Nossa falta de sabedoria nos mantém à procura de Deus e impede que endureçamos nosso coração. Ela nos faz permanecer humildes, maleáveis, passíveis de correção, mudança e transformação, de modo que a cada novo dia possamos refletir mais e mais a imagem de Deus.

De fato, esse processo de amadurecimento gradativo é o que usualmente chamamos de "relacionamento com Cristo". Nosso relacionamento com Jesus aprofunda-se à medida que crescemos e nos enriquecemos em sabedoria.

De que forma adquirimos esse tipo de sabedoria? Temos à nossa escolha dois tipos de instrutores totalmente diferentes.

ESCOLHA SEU MESTRE

A vida nos apresenta dois mestres verdadeiramente efetivos. Ambos são instrutores de primeira linha, mas nenhum deles custa barato. Ao mesmo tempo que ambos são efetivos, ambos exigem alguma coisa de nós. Temos de escolher um dos dois e, se não escolhermos nenhum, forçosamente o segundo será o selecionado.

Os dois mestres são a *Sabedoria* e as *Conseqüências*.

Podemos aprender muita coisa de cada um desses mestres. No entanto, devo avisá-lo que há enorme diferença em seus estilos de ensino. Enquanto a Sabedoria nos impressionará e nos alegrará com suas lições, as Conseqüências nos deixarão sem ar — e não no sentido positivo. A verdade é que as Conseqüências são *de longe* o mestre mais rigoroso.

Em primeiro lugar, a matrícula e as mensalidades das Conseqüências são extremamente caras. É verdade que ela nos ensinará bastante — mas, no momento em que estivermos aprendendo suas lições, sua instrução nos custará muito. Pode custar nosso casamento, nossa família, nosso emprego, talvez até mesmo nossa vida. As Conseqüências têm enorme custo final.

Quando você era mais jovem, pensava ser o Super-homem ou a Mulher Maravilha? Pulava de uma cerca ou da casinha do cachorro para provar seus poderes? Não faz muito tempo, um amigo meu, recordando a infância, contou-me como seu irmão mais velho o convenceu de que ele era o Superboy. Nada poderia machucá-lo! E, para provar isso, o irmão o desafiou a caminhar sobre um canteiro de trevos brancos e a andar descalço sobre uma área que estava lotada de abelhas.

O irmão foi muito convincente. Meu amigo caminhou com seus pequenos pés descalços sobre o canteiro e acabou com o pé picado por uma abelha. Ele disse que não sabia o que doía mais — a picada no pé ou a conclusão de que o irmão o havia enganado.

Depois disso, ele ficou totalmente vulnerável.

Todos nós aprendemos, por experiência própria, as coisas que nos tornaram um pouco mais sábios. As lições, porém, aprendidas com as Conseqüências, trouxeram sofrimento e dor — e algumas vezes causaram muito mais dano que uma picada de abelha.

Suponha que você esteja correndo em alta velocidade na direção de uma parede e — *bang* — você quebra o nariz. O que você aprende?

Parede dura, nariz macio; parede ganha, nariz perde.

Muito bem! Você é mais sábio agora. Qual é a lição?

Não corra em direção a paredes que não se movem junto com você.

Parabéns. Você acumulou uma pérola de sabedoria a partir de uma experiência pessoal que incluiu algum sofrimento e dor.

Assim, agora você tem a sua pérola. Ela é encantadora. Ela é valiosa. Mas é apenas *uma* pérola, *uma* pepita, *uma* peça de colecionador, *um* pequeno item do seu tesouro. Tornar-se o marido, a esposa, o professor ou o líder que você quer ser — aquilo para o que você foi criado — exigirá uma bolsa lotada de pedras preciosas.

De que outra maneira você poderá saber como enfrentar as reviravoltas da vida? Para chegar aonde você deseja, será necessário muito mais sabedoria do que a que você obteve em sua infeliz experiência com a parede.

A verdade é que você não tem ossos suficientes para espatifar a fim de obter toda a sabedoria de que necessita para ser bem-sucedido em tempos difíceis. Acumular a sabedoria para ser a mãe ou o pai, o empregador ou o empregado que você quer ser simplesmente exigirá muito mais que um nariz quebrado.

Sim, definitivamente você *aprenderá* trilhando o caminho das Conseqüências.

Você até aprenderá algumas coisas a respeito de Deus, com diz o salmista:

> Antes de ser castigado, eu andava desviado, mas agora obedeço à tua palavra [...] Foi bom para mim ter sido castigado, para que aprendesse os teus decretos.[3]

Se, por exemplo, eu conseguisse visitar cada pessoa que está lendo este livro agora e pudesse aprender com a sabedoria que ela acumulou por meio do sofrimento — sem *quebrar* o meu nariz ou qualquer outra coisa —, eu não seria um homem rico? Eu teria um volume de sabedoria maior do que o número de anos da minha vida. Eu teria uma quantidade de idéias maior do que a minha experiência. Iria muito além do que poderia alcançar por conta própria.

De fato, eu teria toda a sabedoria de todos os tempos.

É nessa escola que a Sabedoria convida você a ingressar.

NA ESCOLA DA SABEDORIA

Se as Conseqüências têm um alto custo final, a Sabedoria tem um elevado custo de entrada. Requer disciplina, obediência, consistência e, acima de tudo, tempo. Depois disso, porém, ela derramará sobre você tremendas e abundantes riquezas.

Você quer saber qual é a maior diferença entre as Conseqüências e a Sabedoria? A sabedoria ensina a lição *antes* de você cometer o erro. As Conseqüências, por sua vez, exigem que você primeiro cometa o erro. Só depois ela lhe ensinará a lição. A Sabedoria coloca a cerca no *topo* da montanha; as Conseqüências o visitam no hospital quando você está engessado, depois que alguém o resgatou ao *pé* da montanha.

---

[3] Salmos 119.67,71.

Salomão colocou isso da seguinte maneira: "O prudente percebe o perigo e busca refúgio; o inexperiente segue adiante e sofre as conseqüências".[4] Essa é, na síntese proverbial, a diferença entre a Sabedoria e as Conseqüências.

Por que não adquirir sabedoria a partir da experiência dos outros? Faça-os testemunhar sobre o que eles já aprenderam. Dessa maneira, quando você ouvir como um amigo correu em alta velocidade em direção a uma parede e — *bang* — quebrou o nariz e estatelou os óculos, pode aprender com a conclusão dele: "Uau! Parede dura, nariz macio; óculos e nariz quebrados".

Ouvindo o que eles contam, você economiza a conta com novos óculos e os ossos quebrados. Aprendendo uma lição de cada vez, você adquire um pouco de sabedoria a partir da experiência do outro e *não precisa sofrer como ele sofreu para aprender a mesma lição.*

Quando alguém sobe ao púlpito e testemunha sobre um casamento desfeito ou uma vida arruinada ou sobre o que fez de errado e como Deus solucionou o problema, *aprenda* a partir dessa experiência. Isso porque a Bíblia diz: "... Os testemunhos do SENHOR são dignos de confiança, e tornam sábios os inexperientes".[5]

Se você e eu nos recusarmos a aprender, seremos tolos. Ingênuos. Crédulos. A Palavra de Deus nos chamaria de "sem juízo".

Uma pessoa sábia antecipa as conseqüências e faz alguma mudança antes de bater na parede. Um estúpido simplesmente corre em direção a ela. Ele terá de experimentar por si mesmo antes de aprender. E, se esse for o nosso modo de viver, não teremos a sabedoria necessária para ser bem-sucedidos na corrida da vida.

Se você quer ser a pessoa ou o líder que precisa ser no século XXI, é imperativo que aprenda a aprender com as experiências dos outros. Necessitamos urgentemente de pessoas que tenham

---

[4] Provérbios 22.3.
[5] Salmos 19.7.

mais sabedoria do que o número de anos de sua vida, sabedoria que esteja além das próprias experiências!

Neste livro, quero oferecer a você o que talvez seja a coisa mais simples e mais importante no mundo. Se você entender esse princípio de vida e colocá-lo em prática, poupará décadas de tempo perdido e recursos desperdiçados.

Eu lhe prometo isso, e *não estou fazendo propaganda enganosa*.

A prática essencial que descreverei nas próximas páginas lhe dará o tipo de "olhos bem abertos" requeridos para você continuar correndo em direção às paredes da vida, e mostrará as entradas secretas pelas quais você pode passar.

Dois tipos de dor

Assim como existem dois mestres na vida, há também dois tipos de dor. Ambos podem causar sofrimento, mas um leva você adiante, enquanto o outro o faz retroceder.

Essas duas dores são chamadas *Disciplina* e *Arrependimento*.

O apóstolo Paulo explicou essa diferença fundamental em sua segunda carta a um grupo de imaturos amigos cristãos de Corinto. Sua primeira carta causara profunda dor emocional, como se suas palavras tivessem acabado com eles.

> Mesmo que a minha carta lhes tenha causado tristeza, não me arrependo. É verdade que a princípio me arrependi, pois percebi que a minha carta os entristeceu, ainda que por pouco tempo. Agora, porém, me alegro, não porque vocês foram entristecidos, mas porque a tristeza os levou ao arrependimento. Pois vocês se entristeceram como Deus desejava, e de forma alguma foram prejudicados por nossa causa. A tristeza segundo Deus não produz remorso, mas sim um arrependimento que leva à salvação, e a tristeza segundo o mundo produz morte.[6]

---

[6] 2Coríntios 7.8-10.

O tipo de sabedoria que a Bíblia nos mostra leva a disciplina ao extremo; novamente, a disciplina pode causar alguma dor. Investir tempo na Bíblia nem sempre é conveniente ou confortável, e nem sempre produz benefícios imediatos ou evidentes. Alguns dias, o tempo empregado na leitura bíblica pode até causar enfado. Outros dias, pode parecer a última coisa que você deseja fazer. Em algumas manhãs, levantar cedo e sentar-se diante de uma Bíblia aberta pode assemelhar-se a tomar uma ducha fria ou a nadar contra a corrente.

Qual é a alternativa? Devo lembrar-lhe apenas uma coisa: a dor da disciplina custa bem menos que a dor do arrependimento. Não chega nem perto dessa.

Se a dor da disciplina nos pode trazer a sabedoria dos outros — de homens e mulheres que tiveram de passar por um grande arrependimento —, não vale a pena sentir essa dor? Em 1 Coríntios, Paulo recorda a experiência de alguns antigos hebreus que viveram na época de Moisés:

> E não se queixem, como alguns deles se queixaram e foram mortos pelo anjo destruidor. Essas coisas aconteceram a eles como exemplos e *foram escritas como advertência para nós, sobre quem tem chegado o fim dos tempos*.[7]

É como se Paulo estivesse dizendo a seus amigos: "Vejam, vocês parecem estar correndo o risco de cair nos mesmos erros que destruíram os seus ancestrais. Vocês não se lembram de que trilhar esse caminho leva ao arrependimento e à morte? Vocês têm uma escolha a fazer: ou aprendem pela dor e voltam a trilhar o caminho certo, ou seguem o exemplo deles e terminam como eles terminaram".

Tiago diz isso de forma ainda mais direta. Ele declara que podemos adquirir sabedoria a partir de duas fontes principais — e

---

[7] 1 Coríntios 10.10,11.

que não desejaremos aprender com a primeira! Primeiro, ele fala de uma sabedoria que vem de baixo: "... é terrena; não é espiritual, mas é demoníaca. Pois onde há inveja e ambição egoísta, aí há confusão e toda espécie de males".[8] Esse tipo de sabedoria não levará você a lugar nenhum; apenas lhe trará muito arrependimento.

Em vez disso, escolha a outra opção: "Mas a sabedoria que vem do alto é antes de tudo pura; depois, pacífica, amável, compreensiva, cheia de misericórdia e de bons frutos, imparcial e sincera".[9]

Se você e eu não reunirmos um pacote de sabedoria dos céus para enfrentar nosso atual estágio de vida, passaremos por ele sem encontrar nada a não ser uma terra seca e improdutiva. Não será uma estação fértil. Pode até mesmo parecer um desperdício.

Você talvez não tenha bastante idade para fazer este exercício, mas alguns de nós podem olhar para trás algumas décadas e perguntar: O que fiz da minha vida todos esses anos? O que sobraram dos meus 20 anos? No que eu pensava durante os meus 30 anos? Onde tomei uma decisão errada aos 40? Uma vez que só temos sete ou oito décadas nesta terra, cada uma delas é imensuravelmente preciosa. Você não quer chegar ao final de uma década e concluir que errou totalmente o alvo ou que a desperdiçou por completo.

Isso não acontecerá conosco, se reunirmos a sabedoria que Deus nos oferece em sua Palavra. Armados com sua cortante e eterna verdade, começaremos a negociar as reviravoltas da vida, a navegar corretamente e a permanecer na rota.

QUANTO VALE?

Iniciei este capítulo com uma história sobre meu herói no ministério, Titus Coan, que serviu em terras havaianas no início

[8] Tiago 3.15,16.
[9] Tiago 3.17.

do século XIX. Embora esse homem tenha vivido quase 130 anos antes de eu nascer, o tempo que nos separa simplesmente desapareceu depois que estive em sua presença.

Durante sua estada na terra e seu ministério no Havaí, ele procurou ensinar e pastorear seres humanos fracos, exatamente como eu. Procurou, como eu tento fazer, manter sua vida em equilíbrio e seu caminho com Deus renovado. Ele cometeu alguns grandes equívocos, exatamente como eu os tenho cometido.

Mas o fundamental é (e eu não consigo enfatizar isso suficientemente) que eu não preciso repetir os *seus* erros. Não preciso atravessar o lamaçal de *seus* fracassos. Não preciso gastar anos e lágrimas aprendendo as lições que *ele* aprendeu no passado.

Por quê? Porque ele veio antes de mim! Ele me advertiu dos perigos nos quais eu poderia facilmente cair sem o seu conselho. Novamente, ele me salvou de incontáveis anos de sofrimento no ministério. Como eu disse anteriormente, absorvendo suas palavras, adquiri sua sabedoria sem ter de passar pelas experiências que o machucaram.

Na verdade, seu livro foi tão precioso para mim que, quando deixei Hilo, a direção do Museu Lyman cedeu-me um exemplar completo desse livro, juntamente com uma reportagem que destacava o legado de Titus Coan e seu obituário. O volume fora localizado depois da minha pesquisa. Eu me lembro de olhar para esse presente com lágrimas nos olhos e pensar: "Como vocês puderam esperar todo esse tempo? E o que farei com todas essas anotações?".

Quanto eu teria pagado por um livro como esse? Com toda alegria, eu pagaria mil dólares.

Mas pense comigo um momento...

E se minha viagem aos Arquivos rendesse não apenas um, mas dezenas de livros como esse, cada um oferecendo penetrantes lições do passado que me pudessem poupar anos de dolorosas conseqüências? Quanto isso valeria? Se eu pudesse ter acesso a outras histórias de grandes homens e mulheres contando seus erros e sucessos, eu pagaria 30 mil dólares, facilmente. Seria uma barganha. Uma pechincha!

Eu pagaria tudo isso porque sei que esses livros me poupariam muito sofrimento. Eu poderia obter a sabedoria de todos os tempos, muito além de minha idade. Isso sem dúvida valeria 30 mil dólares.

Considere a graça de nosso Deus! Ele escolheu cerca de 400 de seus melhores homens e mulheres e registrou suas histórias nuas e cruas em uma biblioteca inteira de livros. Reuniu 66 desses livros — livros sobre homens e mulheres, reis e escravos, soldados e profetas, donas de casa e prostitutas, pescadores e cortesões — em um único livro. A Bíblia registra tudo isso, tanto as partes boas quanto as ruins desses depoimentos.

Por que Deus reuniu todas essas experiências em uma biblioteca (uma *biblos*, ou Bíblia) para toda a eternidade?

Para nosso benefício.

Lembra-se do que Paulo diz em 1Coríntios 10.11? "*Essas coisas [...] foram escritas como advertência para nós, sobre quem tem chegado o fim dos tempos*". Deus registrou essas histórias por escrito para que, por meio delas, possamos adquirir a sabedoria de todos os tempos. Não precisamos cometer os mesmos erros que Jacó, ou Esaú, ou Saul cometeram. *Deus registrou todos eles para nós*. Em 66 livros, ele nos oferece a sabedoria que atravessa as eras.

E você não precisa gastar 30 mil dólares para conseguir tudo isso. Não precisa gastar nem mesmo mil dólares. Pode encontrar em sua livraria local por dez dólares ou menos.

Basta perguntar onde estão as Bíblias.

LEGADO E VIDA

Suponha que eu tenha encontrado uma cópia surrada do livro *Vida no Havaí* por menos de um dólar em um sebo no centro da cidade. Digamos que eu simplesmente o tenha jogado no banco de trás do meu carro, com a intenção de dar uma folheada um dia desses. Então, imagine que eu acabe levando o livro para casa, onde o empurro na prateleira debaixo da minha estante, junto com velhos guias de viagens e alguns exemplares da *National Geographic*.

O livro seria menos valioso? Teria menos potencial de transformar meu ministério e poupar-me anos de tristeza e desperdício de energia?

Não, é claro que não. As palavras seriam as mesmas, estivessem elas guardadas em um sebo barato ou em uma redoma de vidro. A diferença estaria no valor que eu atribuo a esse livro.

Deveríamos ficar assombrados — na verdade, estupefatos — todos os dias diante de quanto esse livro que chamamos Bíblia é inestimável para nós! Deus não somente registrou esses 66 livros; ele próprio inspirou a biblioteca inteira e nos disse: "Se você ler este livro, permitirei que se sente ao lado de Jacó. Farei com que você caminhe através do deserto, junto com Moisés — e a mesma sabedoria que eu dei a Moisés lhe será dada. Basta que você ponha o seu coração nas palavras aqui escritas".

Você pode caminhar com Esaú, e perguntar diretamente a ele qual a razão de ele ter vendido seu direito de primogenitura.

Você pode sentar em frente ao fogo, ao lado de Davi, e perguntar como ele se sentiu quando Absalão o traiu ou quando Natã o confrontou.

Está tudo ali — a Bíblia é o maior Livro de sabedoria do universo. É por essa razão que o salmo 119 declara:

> Os teus mandamentos me tornam mais sábio que os meus inimigos, porquanto estão sempre comigo. Tenho mais discernimento que todos os meus mestres, pois medito nos teus testemunhos.[10]

---

[10] Salmos 119.98,99.

Os homens e as mulheres que o Senhor ilumina em seu Livro continuam a dar um testemunho divino ao longo dos tempos. Eles dizem a você e a mim: "Foi isto o que fiz de errado. Aqui dei um passo em falso. Aqui agi melhor. Desta forma, agradei o coração do meu Poderoso Pai".

Tome essas revigorantes idéias e grave-as em seu coração! Você não precisa quebrar seu nariz nem esmagar seus sonhos nem destruir seu futuro, embora alguns dos homens e mulheres tenham feito isso. Você pode usar o exemplo deles e aconselhar-se pessoalmente, a fim de encontrar um caminho melhor para você e para as pessoas que você ama.

Os homens e as mulheres da Palavra de Deus deixaram para você um legado de habilidades de vida; esse legado está facilmente disponível. Lembra-se de como eu freqüentei a sala dos fundos do museu de Hilo, dia após dia, gastando incontáveis horas para copiar as experiências e as idéias de Titus Coan e meditar sobre eles? Sendo um homem mais jovem, eu paguei um preço para obter a sabedoria daquele bom homem. No entanto, não há preço que pague o que eu recebi! Isso moldou o restante da minha vida e do meu ministério para sempre.

Apesar disso, por mais que as memórias de Coan tenham representado para minha vida, elas não se comparam com as poderosas idéias da Palavra eterna de Deus. Você e eu precisamos nos aproximar do Livro e buscar essas verdades vivas com todo o coração.

Se você estiver disposto, a Bíblia lhe dará sabedoria maior do que o número que representa os anos de sua idade. Ela lhe poupará dores de cabeça além de sua imaginação.

CAPÍTULO

3

Programa de auto-alimentação

*Quando as tuas palavras foram encontradas,
eu as comi; elas são a minha alegria e o meu júbilo,
pois pertenço a ti, S*ENHOR *Deus dos Exércitos.*[1]

Um vagaroso funcionário entrou no meu escritório dizendo apenas:
— Creio que meu tempo aqui acabou.

Eu já tinha ouvido essas palavras. Durante muitos anos, como pastor, dei as boas-vindas e me despedi de muitas pessoas. Para alguns, isso fazia parte do processo natural de crescimento e amadurecimento; mas, neste caso específico, fiquei confuso. Ele estava conosco havia quatro anos.

— Há alguma razão pela qual você acha que seu tempo no ministério terminou? — perguntei.

— Bem... — ele titubeou —, eu simplesmente não estou sendo alimentado aqui.

Odeio essas palavras. Não porque eu seja inseguro, mas porque a nossa cultura aqui em New Hope é aliviar esse tipo de

---

[1] Jeremias 15.16.

sintoma. Nos últimos dez anos, construímos intencionalmente uma cultura que inclui um programa de auto-alimentação para cada indivíduo, começando pela nossa equipe.

Rejeitar essa responsabilidade abre espaço para o pior tipo de co-dependência — aquela que requer que os outros assumam as responsabilidades que Deus planejou para cada um de nós individualmente.

Eu o desafiei com a seguinte ilustração:

> Imagine que minha esposa me encontre um dia todo desolado e enfraquecido. Meus olhos estão fundos; meu corpo está frágil, expondo minhas costelas; meu abdome está distendido pela fome. É óbvio que eu não tenho me alimentado ultimamente. Quando me vê nesse estado, ela exclama: "O que está acontecendo com você?!". Minha resposta é: "Eu não estou sendo alimentado aqui". Então, continuando meu lamento, digo: "Ninguém está me alimentando".
>
> O que você acha que ela responderia?
>
> *"Alimente-se sozinho!"*

Então, perguntei ao funcionário se ele estava fazendo as suas devocionais diárias. Minhas palavras deram de cara com um olhar vazio. Eu sabia que ele tinha abandonado esse aspecto essencial da lista de prioridades de um ministério de sucesso.

Aceitei sua resignação.

Lembro-me de uma época em que eu estava exatamente no mesmo lugar, diante das conseqüências iminentes da falta de um programa de auto-alimentação. Eu também me lembro de ter delegado essa responsabilidade a outros.

A CONCLUSÃO

Logo depois que me tornei cristão, peguei-me reclamando com Deus sobre o estilo acadêmico do pregador da minha igreja, que freqüentemente se lançava a alturas que eu era incapaz de alcançar.

Comecei minhas queixas no banheiro da igreja após um culto: "Deus!" — clamei, esperando ser o único no banheiro masculino. —"Vou morrer de fome neste lugar! Eu não estou sendo alimentado. Estou morrendo aqui, sofrendo de desnutrição!".

Não tenho certeza se foi uma risadinha da cabine ao lado ou se foi uma resposta vinda do céu, mas lembro-me de tornar-me profundamente consciente de alguma coisa, conforme o Espírito me falava das profundezas de meu ser atormentado.

E quanto a MIM? Ele pareceu sussurrar. *Eu não sou suficiente? Por que você está culpando os outros por sua falta de crescimento? Você está dependendo de refeições semanais, mas, à medida que cresce, precisa aprender a alimentar a si mesmo! Eu serei o seu Mentor.*

O meu problema não era falta de recursos; era que eu esperava que os outros me entregassem tudo mastigado. Até esse ponto eu tinha resistido às melhores escolas de Deus e ao seu mais talentoso professor, o Espírito Santo. Ele me havia convidado para ser seu aluno, mas eu continuava indiferente. Eu queria que os outros fizessem o que somente eu poderia fazer: assumir a responsabilidade por minha saúde e por minha alimentação espiritual.

À medida que comecei a me envolver com a Bíblia por minha conta, vi que a passagem de Salmos 32.8,9 atacava a essência do meu erro:

> Eu o instruirei e o ensinarei no caminho que você deve seguir; eu o aconselharei e cuidarei de você. Não sejam como o cavalo ou o burro, que não têm entendimento mas precisam ser controlados com freios e rédeas, caso contrário não obedecem.

Tive de reconhecer a terrível verdade: *Eu* era aquele cavalo. *Eu* era aquele burro. Não é nada divertido fazer uma confissão desse tipo. Tinha chegado a hora de eu assumir a responsabilidade pelo próprio futuro.

Os últimos cinco por cento

Aborrece-me trazer más notícias para você. No entanto, cerca de 80% de tudo o que você faz qualquer pessoa pode fazer! Por exemplo, ir ao trabalho, comparecer a reuniões, checar a caixa de *e-mails*, atender ao telefone, ir ao jogo de futebol, a almoços e jantares.

Além disso, cerca de 15% de tudo o que você faz alguém, com algum treinamento, poderia fazer em seu lugar. Seja para vender um produto, seja para gerenciar um projeto, ministrar um curso ou corrigir um problema, há educação e treinamento disponíveis para qualquer um fazer o que você faz.

Mas pelo menos 5% do que você faz somente você pode fazer. Ninguém pode fazer isso por você.

Somente eu posso ser marido para minha esposa, Anna. Somente eu posso ser pai para os meus três filhos. Somente eu posso manter o meu corpo saudável. E somente eu posso crescer espiritualmente! Ninguém mais pode fazer os 5% restantes em meu lugar. Sou o único responsável por isso. Da mesma forma, somente você pode manter-se espiritualmente saudável alimentando a si mesmo. Ninguém pode fazer isso em seu lugar.

É desses 5% restantes que prestaremos contas no grande e último dia. São esses 5% que determinarão a extensão de nossa influência sobre as próximas gerações. São esses 5% que decidirão quão feliz será o seu casamento e quão genuíno será o seu legado.

E um dos mais importantes aspectos dos 5% é o seguinte: ninguém além de você pode sentar diante do Senhor e ouvir suas instruções para sua vida! As palavras de Jesus novamente ecoam verdade, à medida que ele fala com você e comigo: "Marta! Marta! Você está preocupada e inquieta com muitas coisas; todavia apenas uma é necessária. Maria escolheu a boa parte, e esta não lhe será tirada".[2]

Os últimos 5% — isso é algo que precisamos descobrir e pelo que precisamos nos tornar responsáveis.

---

[2] Lucas 10.41,42.

- Somente eu posso ser marido/mulher para meu cônjuge.
- Somente eu posso ser pai/mãe para meus filhos.
- Somente eu posso desenvolver-me espiritualmente.
- Somente eu posso manter a mim mesmo saudável.
- Somente eu posso manter a mim mesmo disciplinado.

Sei que precisarei de alguma ajuda nesse sentido. Preciso de treinamento e de um mentor. Meu grande desafio permanece diante de mim: aplicar o que eu aprendo.

Da mesma forma que apenas uma coisa é realmente necessária, há um único lugar onde podemos encontrar essa ajuda. Deixe-me apresentá-lo a alguém que recebeu a tarefa de garantir os nossos fundamentos — se assim permitirmos.

A verdade precisa de um guia

Assim que me converti, cometi um erro muito comum. Procurei pessoas estudadas e bem preparadas, acreditando que elas pudessem transferir do seu conhecimento diretamente para o meu cérebro.

Não percebi que o conhecimento — e até mesmo o conhecimento bíblico — é como o sódio em sua forma bruta. O sódio pode ser destrutivo para os seres humanos, até ser convertido em uma forma superior: cloreto de sódio ou sal de mesa. Da mesma forma, o conhecimento nunca é um fim em si mesmo. Ele precisa ser convertido em uma forma superior — a sabedoria — para se tornar útil e nos beneficiar. Aí, sim, Deus nos envia o Espírito Santo, que "nos guiará a toda a verdade" — porque *a verdade precisa de um guia.*

> E eu pedirei ao Pai, e ele lhes dará outro Conselheiro para estar com vocês para sempre, o Espírito da verdade.[3] [...]

---

[3] João 14.16,17.

> Mas quando o Espírito da verdade vier, ele os guiará a toda a verdade...[4]

Deus designou seu Espírito para ser nosso Guia — o Guia que nos confiará a verdadeira sabedoria de Deus.

Como isso funciona? O Mentor Divino implanta um chip com informação e idéias em nosso subconsciente enquanto dormimos? Ele constrói um duto entre o céu e a nossa alma, e então abre as comportas de sabedoria para que elas sejam derramadas dentro de nossa mente?

Não é assim exatamente.

Nós recebemos revelação direta sobre Deus e descobrimos suas maravilhosas promessas em um único lugar: a Bíblia. O salmista clamou ao Senhor: "... exaltaste acima de todas as coisas o teu nome e a tua palavra".[5]

A Palavra de Deus, a Bíblia, é indispensável para nossa vida diária. E não pense em algum tipo de obscuro conhecimento religioso. Pense em alimento. Pense na água. Pense no ar.

Sou pastor e venho trabalhando com gente há mais de 33 anos. Deixe-me, então, explicar claramente: Você não sobreviverá sem as idéias e a sabedoria de Deus.

Encontrei muitas pessoas que pensavam o contrário, e acabaram por implodir. A verdadeira sabedoria só pode ser alcançada quando o Mentor Divino nos instrui por meio de uma interação vivificante e do entendimento da Palavra de Deus.

Nossa necessidade de um guia como esse torna-se cada vez mais vital, à medida que nos aproximamos mais e mais do final da história, quando a decepção espiritual chegará ao extremo.

Paulo admoestou seu jovem discípulo Timóteo, pondo diante dele o alarmante fato que seria enfrentado por aqueles que

---

[4] João 16.13.
[5] Salmos 138.2.

vivessem no final dos tempos: nesse tempo, haveria mais falsos profetas que profetas verdadeiros! Ele revelou que muitas pessoas que viverem naqueles dias terão forte tendência a estar "sempre aprendendo, sem jamais conseguir chegar ao conhecimento da verdade".[6]

Sem o nosso Guia, podemos aprender muitas coisas todos os dias e, mesmo assim, não mover um só centímetro para mais perto da verdade, o que fará alguma diferença em nossa vida. No entanto, com o Espírito transmitindo-nos a sabedoria de Deus revelada em sua Palavra, o quadro todo muda. Com o Senhor como nosso Mentor Divino, a sabedoria de todos os tempos gradualmente se torna nossa.

COMPANHEIROS DE VIAGEM

Você sabe que os atletas de elite sempre contam com um técnico? Em termos de "equipamentos", toda estrela do esporte carrega mais do que tacos, raquetes ou calçados apropriados.

Ouvi algumas pessoas perguntando: "Por que eles precisariam de um técnico? São os melhores do mundo!".

É *por isso* que eles são os melhores do mundo. Eles não se podem tornar os melhores naquilo que fazem, e permanecer nessa condição, até entenderem e aplicarem a essência do que é ser capaz de ser ensinado.

Isso também é verdadeiro para nós; por isso, Deus designou alguns dos melhores mentores da história para nosso treinamento. Algumas vezes, eles nos manterão em crescimento. Outras vezes, eles simplesmente nos manterão vivos.

Pela fé Abel ofereceu a Deus um sacrifício superior ao de Caim [...] Embora esteja morto, por meio da fé ainda fala.[7]

---

[6] Ver 2Timóteo 3.7.
[7] Hebreus 11.4.

Abel fala? Esse homem faz todo o caminho de volta à época em que o homem ainda podia ver os anjos com espadas flamejantes protegendo o caminho para o jardim do Éden. Ele chamou Adão de "papai" e Eva de "mamãe". Foi o primeiro homem a morrer no planeta terra.

Abel faz um longo caminho de volta, você não acha? Apesar disso, a Bíblia diz que esse homem ainda tem algo a dizer para você e para mim. Ele ainda tem seu lugar como mentor designado por Deus. Assim, terão Noé, Abraão, Jacó, José, Elias, Naum, João e Pedro. Da mesma forma, Sara, Débora, Rute, Noemi, Maria, Marta, Dorcas e Priscila. E muitos outros. Embora esses homens e mulheres não mantenham mais um endereço na terra, eles esperam falar com você sobre a Palavra viva de Deus.

Eles estão aguardando para ensinar você — para encorajá-lo e corrigi-lo — exatamente como um bom técnico instrui seus jogadores. Às vezes, eles levantarão a voz, por verem que você está se precipitando para a morte. Em outras ocasiões, eles se colocarão em seu caminho, tais quais o anjo com a espada desembainhada que interrompeu Balaão ordenando: "Você não fará isso".

Quando você se encontrar em um beco sem saída ou tomar a direção errada em uma rua de mão única, talvez Jeremias, Ezequiel ou Davi apareçam para exortá-lo ou reprová-lo. Não importa quem seja, você terá mentores excepcionais ao seu lado!

Lembro-me de certo dia reclamar porque minhas tacadas estavam ruins. (Deus sempre parece responder às minhas orações, exceto no campo de golfe.) Éramos quatro no jogo, mas eu não percebi que um quinto jogador se juntara a nós. À medida que meus resmungos aumentavam em decibéis, ouvi Tiago sussurrar: "O irmão de condição humilde deve orgulhar-se quando estiver em elevada posição".[8] Em outras palavras: "Podia ser pior!".

---

[8] Tiago 1.9.

Reconheci imediatamente a voz de alguém com quem eu havia acabado de falar no café da manhã. Lembro-me de rir baixinho e murmurar para mim mesmo: "Relaxe!".

UMA MULTIDÃO DE MENTORES

Ao longo de quase 1.500 anos, Deus escolheu mais de 40 pessoas diferentes para registrar suas palavras divinas em um livro. Assim como ele atribuiu aos anjos a tarefa de ministrar aos espíritos, atribuiu às pessoas do seu Livro a tarefa de ensinar os seres humanos.

Para um executivo, não consigo imaginar melhor mentor que Salomão; ele alcançou o ápice do sucesso quando ainda era jovem.

Para um pastor, não consigo pensar em melhor mentor que Moisés. Esse grande líder pastoreou uma congregação não de milhares, mas de milhões de pessoas! Podemos caminhar com ele pelo deserto e sentir juntos o calor da areia nos dedos dos pés.

Não consigo pensar em melhor mentor, para um profissional, do que Lucas, o médico; ou em Paulo, para um educador, ou em Maria, para uma mãe. Faz sentido para você? Deus deu a esses homens e mulheres a tarefa de ensinar seus filhos em cada aspecto da vida. Eles vivem nas Escrituras pelo seu poder e sopro, por sua Palavra inspirada.

Todos eles vieram antes de nós, dizem as Escrituras. E agora estão nos camarotes, torcendo por nós. Isaías, Sara, Ezequiel, Maria, Mateus, Rute, Daniel, Ester — todos eles e muitos outros continuam prontos e ansiosos para nos ensinar.

A nós cabe apenas procurá-los para lhes fazer perguntas.

O BOM E O RUIM: LIÇÕES DE AMBOS OS LADOS

Na Bíblia, há dois tipos básicos de mentores. A maioria deles, como Abraão, Daniel e Tiago, são mentores segundo o coração de Deus. Eles nos ensinam a viver sabiamente e a agradar ao Deus todo-poderoso.

A Bíblia também retrata muitos mentores que, por meio de seus exemplos de loucura, ou mesmo por pura maldade, nos ensinam sobre como *não* levar a vida. Deus inclui as histórias de Caim, Esaú, Acabe, Jezabel, Herodes e Judas, permitindo que suas vozes gritantes subsistam, para que não façamos as escolhas destrutivas que eles fizeram. São poderosas ilustrações que nos mostrarão o lado negro das decisões erradas. Salomão nos faz lembrar isso:

> Passei pelo campo do preguiçoso,
> pela vinha do homem sem juízo;
> havia espinheiros por toda parte,
> o chão estava coberto de ervas daninhas
> e o muro de pedra estava em ruínas.
> Observei aquilo, e fiquei pensando;
> olhei, e *aprendi esta lição*.[9]

Alguns anos atrás, um jovem deixou o Havaí para iniciar uma popular escola missionária de estudos bíblicos.

Quando ele retornou, perguntei:

— Como foram as aulas?

Ele respondeu:

— Algumas foram pura dinamite. Outras, um total desperdício.

— Como assim?

— Alguns instrutores eram bons, mas o restante era péssimo. Não aprendi nada com eles.

— Não! — desafiei. — Não faça isso! Você pode aprender tanto com os bons quanto com os ruins.

— Você não entende — ele tentou reforçar seu ponto de vista. — Alguns eram tão maçantes que em três minutos estávamos com sono.

---

[9] Provérbios 24.30-32.

— Isso é fantástico!
— O quê?
— Você pode aprender lições preciosas com eles — argumentei. — Anote isso. Algo como: "Nosso professor da manhã é capaz de nos fazer adormecer em apenas três minutos. Isso é uma conquista! Deve ser um milagre".

Prossegui:
— Analise o que esse professor disse: O que o tornava tão maçante? Foi sua voz monótona? Falta de pesquisa? Falta de paixão? Se conseguir aprender a aprender com o ruim tão rapidamente quanto aprende com o bom, você aprenderá duas vezes mais na vida.

É por essa razão que Deus reuniu na Bíblia relatos sinceros de homens e mulheres com comportamento tanto sábio quanto tolo. Ele selecionou cuidadosamente essas pessoas, boas e ruins, para nos ensinar. Lembra-se do que Paulo disse? "Pois tudo o que foi escrito no passado, foi escrito para nos ensinar, de forma que, por meio da perseverança e do bom ânimo procedentes das Escrituras, mantenhamos a nossa esperança".[10]

As lições vêm de todos os lados. Portanto, esteja alerta! As pedras mais preciosas virão daqueles personagens ignóbeis que foram desprezados e deixados para trás. Se você for até eles, tais tesouros pertencerão a você!

Você quer sua herança? Falando sobre nossa posição em Cristo como herdeiros da promessa de Deus a Abraão, Paulo escreveu: "Digo porém que, enquanto o herdeiro é menor de idade, em nada difere de um escravo, embora seja dono de tudo. No entanto, ele está sujeito a guardiães e administradores até o tempo determinado por seu pai".[11]

Sua herança é aquilo que Deus reservou para você, aquele tesouro latente, aquele potencial, todas aquelas possibilidades para

[10] Romanos 15.4.
[11] Gálatas 4.1,2.

sua vida. Deus mantém a maior parte disso sob a proteção de zeladores, até que você cresça. É quase como se os mentores bíblicos fossem tutores que administram sua herança até que você se torne maior de idade. Por isso, eles o ensinarão, o aconselharão, o tutelarão — serão seus mentores — até que você receba plenamente aquilo que Deus planejou para sua vida.

Há uma herança divina à sua espera. Ela está temporariamente inativa, mas em segurança, até que você atinja determinado grau de maturidade. Então, é esta a verdadeira questão: quanto seriamente e quanto rapidamente você deseja receber sua herança?

Busque o melhor

As pessoas que o rodeiam *certamente* influenciarão a sua vida. As influências serão boas ou ruins; portanto, busque as melhores. Não perca essa oportunidade. Corra atrás!

Aquele que anda com os sábios será cada vez mais sábio, mas o companheiro dos tolos acabará mal.[12]

Você ouve as instruções de seu mentor? Nós nos tornamos parecidos com as pessoas com as quais convivemos. Provavelmente, você já ouviu tantas vezes a razão por que isso acontece que deve parecer um clichê. O fato, porém, é que ela é verdadeira. *A sabedoria é contagiosa. É algo que você "pega" mais do que algo que você compreende.*

Se quisermos ser sábios, deveremos andar com homens e mulheres sábios. Você e eu precisamos buscar diligentemente os que têm a melhor e a mais elevada influência sobre nossa vida.

"Isso é muito bom", você talvez diga, "mas não estou cercado por pessoas desse quilate. Na verdade, muitas pessoas na minha

---

[12] Provérbios 13.20.

família e no meu trabalho não estão vivendo o tipo de vida que eu quero viver. Onde encontro esses homens e mulheres sábios?".

Na verdade, eles estão bem próximos — logo ali. José, Daniel, Abigail, Isaque, Maria, Jacó, Rute, Josué, Ester, Josias — as mais sábias pessoas da história estão à sua espera! Quando você se dispuser, as idéias e perspectivas deles influenciarão sua vida.

Não importa quantos anos você tem, que escola freqüentou ou que ambiente o rodeia — você pode decidir estar na companhia desses sábios. E pode começar hoje mesmo.

A voz deles continua a ecoar pelos portões da casa de Deus, e depois de milhares de anos nenhum decibel se perdeu ou se degenerou. As palavras deles estão tão vivas hoje como no dia em que foram proferidas.

Capturados em uma espécie de máquina do tempo, esses mentores guardam poderosas lições de vida e sabedoria, à espera de um explorador diligente. Os profetas ainda falam. Os treinadores ainda vivem. Os guias de viagem esperam sua visita. De fato, eles desejam sua amizade e esperam por sua companhia. Veja o que o autor de Hebreus diz sobre os homens e mulheres da Bíblia: "... nenhum deles recebeu o que havia sido prometido. Deus havia planejado algo melhor para nós, *para que conosco fossem eles aperfeiçoados*".[13]

A morte física não encerrou a vida desses mentores. Deus lhes deu a tarefa eterna de ensinar as futuras gerações de cristãos. Eles receberam a comissão divina de apoiar nosso amadurecimento. Separados de nós, não estariam completos, porque eles se aperfeiçoam em nós.

Descubra esses mentores como eu descobri! Passeio freqüentemente com Davi, e ouço o som de sua harpa nas montanhas. Atravesso as areias quentes do Sinai junto com Moisés, e ouço uma enxurrada de reclamações. Acompanho muitas vezes Salomão,

---

[13] Hebreus 11.39,40.

e ouço a Sabedoria gritar pelas portas da cidade. Até mesmo discuto com Sansão, pedindo explicações sobre a razão de ele ter sido tão ludibriado por Dalila.

Esses são os verdadeiros heróis que nos inspiram por meio de seus sucessos e nos ensinam por suas cicatrizes. Caminhemos ao lado de vidas humildes e sinceras.

Eles nos convidam a entrar em suas casas. Você me acompanha? Nossos mentores estão nos chamando.

Eles tomaram a decisão que lhes cabia tomar. A decisão seguinte é nossa.

CAPÍTULO

4

Um lugar de descanso

Provem, e vejam como o SENHOR *é bom.*
Como é feliz o homem que nele se refugia![1]

Andrew chegou com raiva. Seu rosto estava vermelho. Eu conversava com Dan, meu administrador, quando Andrew irrompeu pela porta e desmoronou em uma cadeira à minha frente.

— Eu realmente estou tentando — ele resmungou. — Você imagina quantas horas eu gastei nisso nas últimas semanas?

Andrew era um dos nossos estagiários. Era tão exuberante quanto jovem, até que sua excitação pelo ministério se esvaiu com as pizzas na madrugada e os compromissos ao raiar do dia.

— Eu não tenho vida social! Provavelmente nunca me casarei. Não posso continuar deste jeito. Preciso largar o ministério.

Dan falou primeiro, com um tom paternal, mas sem condescendência. Percebendo algo mais profundo que uma agenda sobrecarrega de atividades — tal qual um doutor pressionando várias áreas do corpo e perguntando: "Isso dói?" — Dan pressionou uma área que fez Andrew mostrar-se desconfortável.

---

[1] Salmos 34.8.

— Andrew, você tem feito suas devocionais?
— O que isso tem que ver com o que estou passando? — Andrew exasperou-se, pondo-se na defensiva. — Eu não tenho tempo para devocionais. Ando sempre sobrecarregado. Estou no limite.

Resolvi entrar na conversa:

— Andrew, por que não tira as próximas duas semanas e assume um compromisso? Não chegue antes das 10 da manhã. Separe as primeiras duas horas e faça a sua devocional. Torne-a rica e significativa. Nós pagaremos para você passar um tempo com Deus, só você e ele. Então, prometo que, depois de duas semanas, se você ainda quiser, concordarei com sua saída e ainda lhe darei minha bênção.

Essa não era a resposta que ele estava esperando. Talvez ele buscasse mais simpatia e uma semana livre remunerada; mas isso o faria perder o foco.

— Agora vá. Comece imediatamente — estimulei-o. (Descobri que, sempre que você precisa mudar alguma coisa, pode começar pequeno, mas deve começar *imediatamente*.)

Com alguma relutância, Andrew acatou nosso conselho e deixou a sala.

Duas semanas depois, eu o vi arrumando algumas cadeiras para uma reunião.

— Bem, Andrew, você ainda quer deixar o ministério?
— Deixar o ministério? — ele respondeu com um gracejo. — O ministério é a minha vida. Nada se compara a isso!
— Ah — eu disse. — Você tem feito suas devocionais!

Mantendo a sabedoria renovada

A essência da vida não é uma panacéia para todos os problemas que você enfrenta, mas uma coisa é certa: negligenciar as devocionais fará com que você tenha mais problemas, e isso mais rapidamente do que você possa imaginar. Passar um tempo sozinho e sem pressa com Deus e sua Palavra libera uma fonte de refrigério do íntimo do seu ser.

A Bíblia diz que Salomão foi o homem mais sábio que já viveu. Quando você lê o relato de seus primeiros anos no trono, vê exemplo após exemplo de quanto a sabedoria divina enriqueceu a sua vida e a sua nação.

Você ouve sua oração por sabedoria — não por ouro ou fama ou poder político — e fica admirado.

Você considera seu primeiro veredicto para um caso extremamente difícil, e balança a cabeça, maravilhado.

Você considera a eficiente organização do seu governo, seus extensos estudos em botânica e zoologia, e consegue entender por que a Bíblia diz: "Deus deu a Salomão sabedoria, discernimento extraordinário e uma abrangência de conhecimento tão imensurável quanto a areia do mar".[2]

E, apesar disso — se você conhece a história completa de Salomão —, sabe que ele se envolveu em um fracasso monumental. Por quê? Como isso foi acontecer? Como ele pôde ser a pessoa mais sábia de todos os tempos e ao mesmo tempo ter vivido um dos maiores fracassos da Bíblia?

Aparentemente, Salomão esqueceu qual era a fonte da sua sabedoria.

Em algum ponto do caminho, Salomão deixou de buscar as profundezas de Deus e começou a depender de si mesmo. O homem que definiu a sabedoria para múltiplas gerações se tornou um insensato. Em sua assombrosa estupidez, lançou as sementes para uma desastrosa guerra civil que desembocou na ruína de todo o seu povo.

Isso nunca deveria ter acontecido.

O declínio de Salomão começou assim que ele abandonou suas caminhadas diárias com Deus — uma lição que ele mesmo

---

[2] 1Reis 4.29.

havia registrado em sua juventude: "O temor do SENHOR é o princípio da sabedoria...".[3] O que acontece quando alguém esquece ou rejeita o princípio da sabedoria? Todo o resto de sua vida entra em colapso, como um castelo de cartas diante de forte tempestade. Salomão tornou-se incapaz de ser ensinado.

> Melhor é um jovem pobre e sábio, do que um rei idoso e tolo, que já não aceita repreensão.[4]

Salomão deve ser o exemplo extremo de que não importa quão inteligente você é, quanto você sabe ou quantos títulos precedem o seu nome. Se você ignorar os conselhos de Deus e se afastar dos mentores que ele providenciou, terá problemas. Pode não ser evidente de imediato — mas no final ficará óbvio para todos.

A PALAVRA MANTERÁ VOCÊ PREPARADO

O Espírito Santo sabe tudo sobre as pesadas nuvens que ameaçarão sua vida *no próximo mês*. Você não sabe, é claro. Mas ele sabe, e o preparará para aquilo que apenas está se delineando no horizonte. Conforme você receber a sabedoria, deve colocá-la nos arquivos do seu coração, para que ela dê fruto no tempo certo.

Em Mateus 13, Jesus conta a história conhecida como a parábola do semeador. Quando mais tarde os discípulos pediram a Jesus que a interpretasse, ele explicou que a semente representa a Palavra de Deus. Quando Deus planta uma semente de sua Palavra em você, ela não frutifica necessariamente no mesmo dia. Os frutos poderão ser e serão colhidos em um tempo por vir.

Quantas vezes estou fazendo minhas devocionais sobre uma passagem particular e fico pensando: *Por que estou lendo isso? Não*

---

[3] Provérbios 9.10; cf. Salmos 111.10; Provérbios 1.7 (aqui sabedoria equivale a conhecimento).
[4] Eclesiastes 4.13.

tem nada que ver comigo. Mas lembre-se de que a semente leva tempo para germinar e crescer. Deus pode plantar uma semente em você hoje porque sabe que, em algumas semanas ou meses, você irá colher a sabedoria que dela brotará.

O treinamento deliberado de nossa mente se parece muito com o treinamento de um atleta. Quando você está no meio de uma corrida, de onde tira forças para correr? Do meio da competição? Dificilmente! Você desenvolveu essa força semanas e meses antes, quando se empenhou, dia após dia, pagando o preço necessário para estar na sua melhor forma.

É a força de meses, anos e até mesmo de uma vida inteira de prática que permite a um músico internacional como Yo-Yo Ma[5] tocar da maneira que ele toca. Ele não adquiriu toda aquela perícia de um dia para outro. Ele não acordou e deu de cara com ela esta manhã. Ele a construiu e a desenvolveu, camada após camada de excelência, durante anos e anos de investimento. Hoje, o seu desempenho é tão natural e comporta tamanha genialidade devido a toda essa disciplina e dedicação.

O mesmo vale para nossa vida espiritual. Você será confrontado com algumas circunstâncias decisivas no futuro próximo. Eu não sei quais são, nem você sabe. Mas o Espírito sabe, e a missão dele é dar-lhe a sabedoria e a graça necessárias para que você alcance êxito diante dessas circunstâncias.

A PALAVRA MANTERÁ VOCÊ PRODUTIVO

É interessante ver o que as pessoas fazem para alcançar resultados, seja na vida afetiva, seja nos negócios ou nas finanças. Alguns apelam para correntes, outros recorrem ao horóscopo, e outros confiam em um gato de porcelana ou em um pé de coelho.

---

[5] Yo-Yo Ma, nascido em Paris, no ano de 1955, é considerado um dos melhores violoncelistas da história. [N. do T.]

Esta é uma carta que as amigas de minha filha passaram adiante, anos atrás, enquanto cursavam o ensino médio:

> Uma vez que você tocar esta carta, precisa conservá-la. Esta é uma prova de amor. Começou em 1877. Você precisa copiá-la, palavra por palavra, e entregá-la a cinco pessoas (não a garotos!) nos próximos cinco dias. No quinto dia, beba um copo de leite ou água, e diga o nome e o sobrenome de um garoto; dentro de dois dias, ele convidará você para sair ou dirá algo do tipo: "Gosto de você". Não é brincadeira! Vem dando certo por muitos e muitos anos e, se você quebrar esta corrente, terá azar com os meninos.

Duvido! Não interessa se a corrente começou em *1677*. Ela não tem nenhum poder de tornar alguém uma pessoa mais positiva, amável, atraente, produtiva ou devota.

Do que você depende para alcançar sucesso em sua vida? A Bíblia tem uma receita definitiva sobre essa questão:

> Não deixe de falar as palavras deste Livro da Lei e de meditar nelas de dia e de noite, para que você cumpra fielmente tudo o que nele está escrito. Só então os seus caminhos prosperarão e você será bem-sucedido.[6]

Qual é o segredo de uma vida produtiva e bem-sucedida? A resposta se relaciona diretamente ao que você faz com a Palavra de Deus.

Você quer tornar o seu caminho próspero? Quer experimentar sucesso em tudo o que faz? Nesse caso, Deus diz que você precisa colocar a Palavra dele em seu coração, meditar nela e então agir de acordo com o poder do Espírito Santo. Se você quer sucesso, é assim que o alcançará.

Jesus disse essencialmente a mesma coisa. Ele explicou que seu Pai usa a sua Palavra para nos podar, a fim de nos tornar frutíferos.

---

[6] Josué 1.8.

Veja a descrição que ele faz daquilo que torna uma vida bem-sucedida:

> Eu sou a videira verdadeira, e meu Pai é o agricultor. Todo ramo que, estando em mim, não dá fruto, ele corta; e todo que dá fruto ele poda, para que dê mais fruto ainda. Vocês já estão limpos, pela palavra que lhes tenho falado. Permaneçam em mim, e eu permanecerei em vocês. Nenhum ramo pode dar fruto por si mesmo, se não permanecer na videira. Vocês também não podem dar fruto, se não permanecerem em mim. Eu sou a videira; vocês são os ramos. Se alguém permanecer em mim e eu nele, esse dará muito fruto; pois sem mim vocês não podem fazer coisa alguma.[7]

Jesus assegura que, se você permanecer nele e as palavras dele permanecerem em você, haverá uma atividade evidente do Pai por intermédio de sua vida. Os seus desejos se tornarão os desejos do Pai. O seu coração se tornará o coração do Pai. E o mundo inteiro poderá ver o Pai agindo por meio de você.

> Se vocês permanecerem em mim, e as *minhas palavras* permanecerem em vocês, pedirão o que quiserem, e lhes será concedido. [...] Vocês já estão limpos, pela *palavra* que lhes tenho falado.[8]

A principal ferramenta usada pelo Pai para podar você — e, assim, ajudá-lo a usufruir de uma vida profundamente satisfatória e produtiva — é a Palavra de Deus. O Diabo sabe que, se ele conseguir mantê-lo distante da Palavra, você simplesmente secará.

Você já experimentou isso? Eu já. Quando secamos, os frutos tendem a desaparecer da nossa vida.

É por essa razão que o Diabo nunca ataca os nossos frutos; em vez disso, ele ataca o nosso relacionamento com o Senhor,

---

[7] João 15.1-5.
[8] João 15.7,3.

tentando afastar-nos da Palavra. Quando secamos, tornamo-nos mais vulneráveis à tentação. De uma hora para outra, aquilo que antes era reprovável parece ser agora uma boa opção, aquele relacionamento que parecia bem pouco saudável se torna agora sedutor, ou aqueles pensamentos outrora tortuosos agora parecem adequados.

Tudo se torna negociável. Lembre-se disto: *se o Diabo consegue afastar você da Palavra, ele rouba a principal ferramenta do Pai para produzir frutos em sua vida.* Certa vez, alguém me disse: "Wayne, a Palavra manterá você longe do pecado, e o pecado manterá você longe da Palavra. Você decide".

Deixe que a Palavra de Deus frutifique em sua vida. Torne seu caminho próspero e bem-sucedido, investindo tempo na Palavra de Deus e atentando cuidadosamente para aquilo que ele lhe quer dizer.

A PALAVRA CAPACITARÁ VOCÊ PARA RECONHECER A VOZ DE DEUS

Jesus ilustrou isso quando falou sobre um pastor e seu rebanho. As ovelhas seguem o pastor "porque conhecem a sua voz. Mas nunca seguirão um estranho; na verdade, fugirão dele, porque não reconhecem a voz de estranhos".[9]

E como as ovelhas conhecem a voz do pastor?

Elas a conhecem porque a ouvem muito.

Elas ouvem o pastor cantar enquanto ele as conduz pelos campos e montanhas. Ouvem seu tom de voz confortador à noite, enquanto os coiotes uivam à distância. Reconhecem seu timbre de voz, pois este lhes é familiar. Sabem quais são suas expressões mais comuns. Sabem que o ritmo de sua fala é forte diante do perigo e suave diante da dor. Conhecem sua autoridade, sua confiança, seu carinho e sua preocupação. E, embora as ovelhas

---

[9] João 10.4,5.

sigam aquela voz por toda parte, não seguirão um estranho, porque não reconhecem a sua voz.

Anos atrás, os caixas de banco foram treinados para identificar cópias falsas de uma nota de 100 dólares. Os instrutores colocaram os caixas em uma sala e lhes mostraram a nota verdadeira. Montaram aulas e seminários para lhes ensinar os padrões praticamente imperceptíveis que distinguiam as notas autênticas das falsificadas. Os caixas cheiraram as notas verdadeiras, passaram seus dedos pelas fibras e na tinta, e quase provaram seu paladar.

Então, quando os instrutores concluíram que os caixas estavam preparados, decidiram fazer um teste. Colocaram os caixas em frente a uma caixa transportadora carregada de notas verdadeiras. Sem ser visto, um supervisor ocasionalmente inseria uma nota falsa. Os caixas imediatamente a observavam, a manuseavam e afirmavam: "Não sei o que há de errado com esta aqui, mas não é verdadeira. Alguma coisa não está certa. Não, esta nota parece estranha".

Como aqueles funcionários reconheceram as notas falsas tão rapidamente? Foi porque estudaram cuidadosamente as notas falsificadas? Não, *eles passaram um longo tempo estudando o que era verdadeiro.*

Da mesma forma, só existe um caminho para distinguir entre vozes falsas e a verdadeira voz do Senhor: conhecer *muito bem* esta última.

Quando conhecemos intimamente até os mínimos detalhes do caráter genuíno de Deus, somos capazes de identificar uma voz que fala. O único meio de desenvolver esse tipo de familiaridade é a exposição consistente à Palavra de Deus. Somente sentando com o Mentor Divino é que passaremos a conhecê-lo intimamente e nos tornaremos capazes de distinguir a voz de um impostor.

Paulo nos ensina: "... o próprio Satanás se disfarça de anjo de luz. Portanto, não é surpresa que os seus servos finjam que são servos da justiça...".[10] Que outra razão poderia haver para que Jesus nos avisasse: "Aparecerão falsos cristos e falsos profetas que realizarão grandes sinais e maravilhas para, se possível, enganar até os eleitos"?[11]

Assim, como aprendemos a identificar apropriadamente a voz de Deus? Como podemos detectar uma falsificação, um impostor, uma fraude?

A melhor maneira de fazer isso é você se preparar com antecedência, estudando a Palavra de Deus e reconhecendo que em cada uma de suas páginas você ouvirá o Senhor. Quanto mais você ler, mais aprenderá a reconhecer a sua voz.

A PALAVRA AJUDARÁ VOCÊ A TOMAR DECISÕES SÁBIAS

Sabia que você toma aproximadamente 300 decisões por dia?
A que horas devo acordar?
Devo tirar mais uma soneca depois que o alarme tocar?
O que vou vestir?
O que vou tomar no café-da-manhã?
O que farei primeiro quando chegar ao trabalho?
E por aí vai... Decisão, após decisão, após decisão.

Das nossas 300 decisões diárias, talvez 10%, ou 30 delas, terão desdobramentos potencialmente transformadores na sua vida. Que relacionamentos devo buscar? Em que faculdade devo estudar? É hora de formar uma família? Devo aceitar aquela oferta de trabalho?

Conforme considera todas essas opções, você tira, de *algum* lugar, a informação e a motivação que mobilizam suas decisões. De onde você tira isso? Se não for do lugar certo, cuidado! Podem ser os hormônios, ou uma fantasia secreta, ou a insistente

---

[10] 2Coríntios 11.14,15.
[11] Mateus 24.24; cf. Marcos 13.22.

voz da carne, ou a pressão dos pares, ou o medo, ou um mecanismo de defesa.

As estatísticas indicam que, quando você terminar o seu curso superior, terá visto mais de 16 mil horas de televisão e terá passado 14 mil horas em uma instituição de ensino. Se você for à igreja por apenas duas horas semanais, terá investido 2 mil horas na busca de ajuda espiritual. Assim, em termos de fonte de inspiração, quando chegar a hora de tomar uma decisão, você terá oito vezes mais influência da TV e sete vezes mais influência do "mundo, cultura e educação" do que a influência recebida da igreja.

Você consegue perceber o problema? Não há substituto para a inspiração que vem da Palavra de Deus!

> Se algum de vocês tem falta de sabedoria, peça-a a Deus, que a todos dá livremente, de boa vontade; e lhe será concedida. Peça-a, porém, com fé, sem duvidar, pois aquele que duvida é semelhante à onda do mar, levada e agitada pelo vento.[12]

Deus nos dá de sua sabedoria na medida em que permanecemos na sua Palavra. À medida que ela se torna parte de nós, mais e mais saberemos que *essa* é a decisão certa a tomar ou que *essa* é a coisa certa a dizer. Não apenas saberemos distinguir o certo do errado, mas também distinguiremos aquilo que é sábio daquilo que é insensato.

Em nossos estágios iniciais como cristãos, lutamos com o certo e o errado. E devemos lutar mesmo. Isso dá ao nosso coração e mente algum tempo para debates e questões mais desafiadores. No entanto, uma vez que eles tenham sido resolvidos, nós nos graduamos. A maioria de nós não tropeça em diferenciar o certo do errado, mas, sim, em distinguir o sábio do insensato.

Algum tempo atrás, um grande amigo cristão me telefonou e disse:

---

[12] Tiago 1.5,6.

— Wayne, estou acabado! Meu casamento terminou.
— Como assim? — perguntei.
— Eu não *tive a intenção* de fazer nada errado — ele disse. — Eu não *estava fazendo* nada errado.
— OK — eu disse.
— Mesmo assim estou em maus lençóis.
— Mas o que aconteceu?

Ele continuou a me contar uma história que, com algumas mudanças e ajustes, poderia ser repetida milhares de vezes, já que era semelhante a tantas outras.

— Eu sou inocente, pode acreditar! Sabe, uma garota do meu escritório estava passando por um problema em casa. Ela só precisava de alguém com quem conversar. Então saímos para almoçar em um restaurante próximo e, quando terminamos, sentamos no meu carro que estava parado no estacionamento. Ficamos ali um tempo. Acho que algumas coisas que eu disse devem tê-la ajudado, porque ela se aproximou e meu deu uma espécie de beijo de agradecimento nos lábios. E, nesse exato momento, minha esposa entrou no estacionamento!

— Você *está mesmo* acabado! — eu disse.
— Mas eu não fiz nada de *errado*! — ele objetou.
— Não fez — eu disse —, mas certamente foi bem pouco *sábio*.
— Wayne, o que vou fazer agora?

Você sabe qual foi o verdadeiro problema do meu amigo? Embora ele não estivesse operando no reino do certo ou errado, falhou ao distinguir o que era sábio do que era insensato.

Eu lhe disse:

— Sua falta de sabedoria começou no escritório, quando você se dispôs a ajudar sua colega, em vez de ouvi-la e encaminhá-la a uma irmã ou a um conselheiro. Você assumiu essa tarefa e começou a dar um passo estúpido atrás do outro. Não, você não fez nada de errado. Mas fez algo totalmente insensato.

Meu amigo levou oito meses para recuperar a confiança da esposa. O que tornou isso ainda mais difícil foi o fato de ele estar tomando decisões insensatas havia muito tempo. Quando o último incidente ocorreu, seu casamento já balançava sobre alicerces muito frágeis.

Lembre-se: a sabedoria não precisa ser obtida a um custo exorbitante. Na verdade, muitos já pagaram matrículas caríssimas para passar pela escola do sofrimento. Agora, eles aguardam com expectativa a oportunidade de transmitir sua sabedoria para nós.

A sabedoria custou a Sansão o casamento, a família, o ministério e seus dois olhos. No entanto, ele mantém essa sabedoria adquirida disponível para você e para mim. Nós temos apenas de visitá-lo para que essas pérolas sejam depositadas em nosso nome.

Davi pagou caro pela sabedoria que acumulou. Isso lhe custou um filho, Absalão. Custou suas esposas, que foram violadas por Absalão. Custou o recém-nascido filho de Bate-Seba. Essas são idéias pelas quais possivelmente não podemos pagar — de fato, nós os recebemos gratuitamente. A sala de aula está aberta; os instrutores esperam por seus alunos.

Deus é mais sábio que nós

Nós não sabemos o que Deus sabe. Quanto mais cedo aceitarmos isso, em melhor condição estaremos. Ouvindo recentemente meu amigo Isaías, ele me fez lembrar novamente o que Deus disse: "Assim como os céus são mais altos do que a terra, também os meus caminhos são mais altos do que os seus caminhos, e os meus pensamentos, mais altos do que os seus pensamentos".[13]

Sob o ponto de vista humano, isso equivaleria a um estudante da primeira série dizer a Pyotr Ilyich Tchaikovsky que não vê valor em sua música. Ou a um jogador de basquete de 15 anos de

---

[13] Isaías 55.9.

idade dizer que Michael Jordan não sabe arremessar. Ou a um jogador de golfe iniciante criticar o estilo de Tiger Woods.

Apesar disso, ainda pensamos que Deus não tem muito para nos dizer; e, se tiver, é mais uma opção do tipo pegue-a ou deixe-a. Precipitadamente, tomamos os problemas em nossas mãos. Manobramos e manipulamos para obter o que queremos. Sabemos que não somos realmente os melhores, porém mostramos às pessoas os resultados dizendo: "Vejam o que Deus me deu!".

Novamente, isso é uma inversão:

> *Eu o* instruirei e *o* ensinarei no caminho que você deve seguir; *eu o* aconselharei e cuidarei de você.[14]

Quanto mais rápido aceitarmos o treinamento dos mentores bíblicos que Deus designou para nós, em melhores condições estaremos. É muito melhor identificar um problema em nosso carro em uma revisão de rotina do que acabar chutando os pneus à beira da estrada, amaldiçoando o fabricante.

Em uma visita a um mecânico, vi um cartaz interessante:

> Se você trouxer seu carro ANTES de ele quebrar, podemos fazer a manutenção a um custo de 30 dólares a hora. Se você esperar até que ele quebre para trazê-lo, pagará 50 dólares a hora. E, se você tentar consertar o problema por conta própria e depois trouxer o carro para nós, isso lhe custará 120 dólares a hora.

Certa vez, alguém me disse: "O segredo de crescer em sabedoria divina é aproximar-se de Deus na condição de um completo ignorante. Diga a ele que você não sabe nada. Diga que você precisa aprender a pensar, a amarrar seus sapatos, a fazer amigos e a influenciar pessoas!".

---

[14] Salmos 32.8.

Diante desse tipo de coração, Deus faz a sua melhor obra. Quando Deus busca recipientes de sabedoria divina, procura por "PHDs": aqueles que são *Pobres, Humildes e Desesperados*![15]

Essas são as pessoas que alimentam a emoção de nossos mentores segundo o coração de Deus. Assim como os guardiões da lenda do Santo Graal, eles esperam por nossa companhia. Não os deixe na mão.

---

[15] Trocadilho do autor com a sigla Ph.D. (Philosophy Doctor ou Doutor em Filosofia). No original, os termos são *Poor, Hungry* and *Desesperate* (Pobres, Famintos e Desesperados). [N. do T.]

PARTE 2

COMO OUVIR A VOZ DE DEUS

CAPÍTULO

5

Apenas uma coisa para Marta

Marta! Marta! Você está preocupada e inquieta com muitas coisas; todavia apenas uma é necessária. Maria escolheu a boa parte, e esta não lhe será tirada.[1]

O tempo nunca é suficiente para cumprirmos todas as tarefas do dia, não é mesmo? Há algumas semanas, retornei de uma viagem de dez dias à Austrália, e, quando você atravessa o globo, "tempo" pode ter significados estranhos. Eu parti no domingo à noite e voltei para casa no domingo de manhã. Eu estava vivendo a velha música dos Beatles, *Eight Days a Week* [Uma semana de oito dias]. Naquela semana, eu tive um dia extra!

Entretanto, sete dias depois, eu não estava mais adiantado do que quando comecei. Eu ainda precisava de mais tempo para alcançar tudo o que desejava.

O tempo não espera. Ele não pode ser emprestado. Nem pode ser comprado. Ele é brutalmente acelerado, num piscar de olhos.

---

[1] Lucas 10.41,42.

Podemos fazer os melhores investimentos e empregar da melhor forma todos os nossos recursos; o tempo confiscará cada minuto que deixarmos ocioso.

Retornando por um instante à história de Maria e Marta, digamos que Marta era a Martha Stewart original.[2] Completamente irritada e frustrada com o fato de sua irmã não ajudá-la na cozinha (Maria permanecia sentada aos pés de Jesus, apenas ouvindo-o falar — como se não houvesse coisas demais a fazer!), Marta se indignou por ter de carregar todo o fardo sozinha. Quando ela reclamou, porém, o Mestre carinhosamente lhe disse que há algo melhor, e que apenas isso é necessário.

Apenas uma coisa.

Maria havia descoberto as fontes da vida, a origem do poço artesiano celeste. Sem dúvida a Fonte para o cristão — aquela que o alimenta, inspira, guia, sustenta e capacita em *todas as coisas* — é passar tempo com o Mestre. Momentos silenciosos, quietos e sem pressa na presença de Cristo, como Maria exemplificou para nós. "... As palavras que eu lhes disse são espírito e vida", Jesus nos declara.[3]

Evidentemente, quem aprendeu essa lição foi o apóstolo Paulo, porque, no pequeno livro de Filipenses, ele descreveu este seu desejo: "Quero conhecer Cristo, o poder da sua ressurreição e a participação em seus sofrimentos, tornando-me como ele em sua morte para, de alguma forma, alcançar a ressurreição dentre os mortos".[4]

Qual era a Fonte? Claramente, assim como para Maria, era "conhecer Cristo". E como Paulo planejou estar mais perto de

---

[2] Martha Stewart é uma das mais conhecidas apresentadoras da mídia televisiva americana. Mesmo tendo sido presa em 2004 devido a um escândalo no mercado de ações, mantém o comando de um império construído a partir de programas voltados ao público feminino. [N. do T.]
[3] João 6.63.
[4] Filipenses 3.10,11.

Jesus? Qual foi a estratégia que ele usou para conhecer melhor o Salvador? Felizmente para nós, ele a descreveu resumidamente logo a seguir: "... uma coisa faço: esquecendo-me das coisas que ficaram para trás e avançando para as que estão adiante, prossigo para o alvo, a fim de ganhar o prêmio do chamado celestial de Deus em Cristo Jesus".[5]

Surpreendente. Primeiro Jesus nos diz: "Apenas uma [coisa] é necessária". Então Paulo escreve: "Uma coisa faço".

Poderia ser mais simples?

Jesus não estabelece: "Apenas dez coisas são necessárias", nem Paulo declara: "Quinze coisas faço". Quando tocamos as questões críticas da vida — quando reduzimos a vida à sua essência, como Chuck Swindoll dizia —, a Bíblia torna tudo isso muito simples para nós.

Apenas uma coisa.

Retornar à Fonte.

PRATICANDO ESCALAS

Observe os atletas famosos. Todos eles repetem, diariamente, um programa de treinamento. Programas únicos são repetidos sem desculpa, e muitas vezes as suas práticas parecem desconectadas daquilo que eles fazem sob os holofotes.

Um atleta de nível internacional acorda todas as manhãs e realiza uma série de exercícios fundamentais. Jerry Rice, um dos maiores jogadores de futebol americano de todos os tempos, declarou durante seus dias de glória: "Eu era um ás em dar e receber passes. Mas também fazia mil abdominais todos os dias!".

Os concertistas de piano ilustram isso muito bem. Não importa o status que o artista tenha alcançado, ele sempre desempenhará uma série de atividades diariamente.

---

[5] Filipenses 3.13,14.

Escalas, por exemplo.

Escalas maiores, escalas menores, escalas diatônicas, escalas pentatônicas. Por quê?

Ignace Jan Paderewski foi um famoso pianista polonês que viveu na primeira metade do século XX. Quando o governo solicitou-lhe que fizesse concertos a fim de angariar fundos, Paderewski, patriota e cidadão de bem, respondeu: "Farei parte do esforço de guerra sob uma condição. Preciso continuar praticando escalas diariamente, três horas por dia. Pague-me por oito horas, mas ocuparei três delas praticando escalas".

O governo não hesitou em aceitar sua oferta.

Por que alguém com o enorme talento de Paderewski insistiria em praticar escalas três horas *por dia*? Ele tinha uma resposta na ponta da língua.

"Se eu pular um dia de escalas", explicou, "quando houver um concerto, perceberei. Se eu pular dois dias, meu técnico perceberá. E, se eu pular três dias, o mundo inteiro perceberá".

Praticar regularmente escalas desenvolve e mantém a destreza de um pianista. Dá a ele a habilidade de mover-se com velocidade e precisão através das teclas mais difíceis. Seja o que for que a partitura peça, com a prática adequada, ele tocará com confiança e arte.

Sem uma sessão regular de escalas, o pianista pode abrir uma partitura mais difícil (algumas vezes, até as mais fáceis) e deparar com um formigueiro de marcas pretas sobre um mar de areia branca. Ele enfrenta a tempestade pontuada contando apenas com a força — e talvez com algum embaraço.

Cada discípulo matriculado no curso da vida de sabedoria pratica suas escalas diariamente, consistentemente, com comprometida fidelidade. Maria me ensinou essa disciplina. Juntamente com a recomendação de Jesus, o exemplo de Maria aumenta ainda mais a sua importância.

Devocionais diárias

Para obter sucesso, para ser produtivo, para se sentir satisfeito e realizado — para tornar-se uma parte importante da solução, em vez de uma parte significativa do problema —, precisamos praticar o mesmo programa todos os dias.

Devocionais diárias.

Quando você deixa de fazer suas devocionais um dia, você percebe. Quando deixa de fazê-las por dois dias, sua família percebe. E, quando deixa de fazê-las por três dias, o mundo inteiro percebe.

Quando você e eu pulamos nossas "escalas", começamos rapidamente a confiar no conhecimento e na sabedoria do mundo. Podemos não perceber, mas isso é quase inevitável.

Além disso, nós nos tornamos espiritualmente fracos. Se ficarmos sem alimento por vários dias, o que começamos a sentir? Ficamos irritados, com dor de cabeça e estranhamente tensos. A fome nos faz tomar decisões caóticas. Nossas ações são desequilibradas; nossa motivação é enviesada. Negligenciar alimento para seu espírito e ignorar a fome de sua alma causa fraqueza espiritual; isso resulta em decisões desesperadas e pensamentos ruins!

Uma alma faminta e um coração esfomeado lança você em uma festa. Uma festa de autopiedade. O ambiente? Um grande armazém de lixo emocional.

Praticar nossas escalas regular e consistentemente nos encorajará a escalar a montanha de lixo e a trocar nossas roupas malcheirosas por uma fragrante sabedoria, a qual nos guiará para longe das armadilhas escorregadias em que fomos pegos.

DE VOLTA À FONTE

Finalmente decidi matricular-me em um curso de golfe de duas semanas. Eu vinha baseando meu jogo inteiramente em tentativas e erros. Aprendi simplesmente observando os outros e me sentia ótimo quando conseguia uma bela tacada. Entretanto, eu não era capaz de dizer *por que* a bola seguia determinada trajetória e não o outro caminho que desejava que ela seguisse. Então, na próxima tacada, mais freqüentemente do que eu queria, minha bola descobria um novo território, alcançando uma área ao lado do campo, algumas vezes até atingindo uma casa na vizinhança. Eu não era capaz de explicar o que estava errado. Eu simplesmente trabalhava com probabilidades; um dia eu me sentia o perfeito Tiger Woods, outros dias eu era um completo fracasso.

Tornei-me um tanto fatalista a respeito do golfe — algo que fazia lembrar o velho *hit* de Doris Day, na década de 1950: "Que será será".[6]

O meu treinador, no entanto, não concordava com essa idéia. Ele parecia acreditar que era mais uma questão de fundamentos que de destino. Imagine!

Assim, por duas semanas inteiras ele me treinou em meus fundamentos. Nada mais. Ele quis que eu percebesse na prática quais eram os fundamentos corretos. Com ele não havia *o que tiver de ser será*. Ele estava convencido de que aprender os mecanismos básicos do golfe causaria um impacto direto sobre meu jogo.

Por que ele limitou nossas lições aos fundamentos? Para que, ao cortar a bola, eu soubesse *por que* o havia feito, e, quando a acertasse, também soubesse o *porquê* do acerto. E, mais importante, para que eu soubesse como voltar aos fundamentos sem ter de repetir o erro inúmeras vezes até que algum milagre divino corrigisse o meu senso de direção.

Você pode conseguir uma boa tacada sem conhecer os fundamentos básicos do golfe, mas não saberá por que a conseguiu. Você não será capaz também de repetir o êxito em qualquer tacada.

---

[6] Música composta por Jay Livingston e Ray Evans, em 1956, e interpretada pela famosa cantora e atriz norte-americana Doris Day. O refrão repete: "*Que será será / whatever will be, will be*" [O que tiver de ser será]. [N. do T.]

Mas, quando você sabe como voltar aos fundamentos, tudo entra nos eixos.

Na vida cristã, as devocionais diárias levam você de volta aos fundamentos. Não necessariamente a *quem* está certo, mas ao *que* é certo. Então, quando cometer um erro, lembre-se: a hora diária com a Palavra de Deus é o sistema de posicionamento global divino para ensiná-lo a encontrar o caminho de volta aos fundamentos.

NÃO ECONOMIZE NOS FUNDAMENTOS

Ouvi falar de um jovem que queria trabalhar no ramo da construção civil. Ele tinha talento, mas pouco dinheiro, então resolveu comprar algumas ferramentas em lojas de descontos. Foi contratado para uma obra e parecia estar fazendo bem o trabalho. Um ou dois dias depois de iniciar o projeto, porém, o contramestre verificou o seu trabalho e descobriu que tudo o que o jovem havia feito tendia levemente para um dos lados. A despeito de seu trabalho duro, o jovem precisou refazer tudo o que havia construído, à custa do tempo e do pagamento da construtora.

O frustrado contramestre o chamou e disse:

— Filho, sei que você pode fazer um bom trabalho. Mas preciso mandar você embora. Você está nos custando muito caro.

O que o jovem poderia dizer? Ele sabia que era culpado; *apenas não sabia que podia ter feito as coisas de modo diferente.* Pegou suas ferramentas e virou-se para partir.

— Espere um minuto — o contramestre disse. — Deixe-me ver sua fita métrica.

Quando ele estendeu a fita métrica diante do jovem, a fonte do problema se tornou imediatamente clara.

— Onde você conseguiu isto? — o contramestre perguntou.

Quando o jovem contou ao chefe sobre a loja de descontos, o contramestre replicou:

— Bem, aqui está o problema. Você comprou uma fita métrica barata e de péssima qualidade. Está errado. Filho, no futuro, não economize nos fundamentos. Quando eles estão errados, tudo o que você fizer sairá errado.

O defeito na ferramenta do jovem não era tão grande. Dificilmente seria percebido à primeira vista, mas, se ele tivesse continuado a trabalhar com aquela fita métrica defeituosa, os problemas se multiplicariam. Gradualmente teriam contribuído para um fiasco completo.

A vida também é assim.

Quando você segue por um caminho inclinado — mesmo que só levemente inclinado — pode ser alcançado por uma catástrofe ou pelo caos, não importa quão rápido você corra.

Um teorema lógico fundamental diz que, se sua premissa inicial é incorreta, cada conclusão subseqüente tem uma alta possibilidade de também ser incorreta. Por exemplo, se você pensa que um mais um é igual a três, cada equação envolvendo essa premissa levará a uma conclusão falha. Quando um pressuposto básico está errado, tudo o que dele procede estará igualmente comprometido, a despeito de quão sincero você tenha sido desde o início.

Na vida cristã, a Bíblia é nossa premissa fundamental. Você pode ter um autor contemporâneo ou uma personalidade favorita da mídia, mas essas pessoas nunca poderão substituir o original. Suspeito que todos nós estamos em alguma medida fora do esquadro. Temos de voltar ao original, à Palavra de Deus. Ela é nossa Fonte primária.

SEM IMUNIDADE CONTRA A DOR — APENAS SABEDORIA

Os mentores da Bíblia não livrarão você dos sofrimentos da vida. Há feridas necessárias que abrandam o coração, levam-nos à compaixão e aprofundam a humildade. No entanto, sentar regularmente aos pés do Senhor afastará você dos sofrimentos *desnecessários*. E evitará que você vivencie dores inúteis.

Suponha que você tenha uma discussão com seu cônjuge. Sem saber como um saudável casamento segundo a Bíblia deve ser, você não tem idéia de como consertar as coisas. Você patina em tentativas e erros e, quando finalmente vê alguma luz no fim do túnel, vocês dois já estão seriamente magoados. Perambular pela floresta sem um mapa de orientação pode sufocar vocês dois, seja por cuidados e intimidade exagerados, seja por dúvidas mútuas quanto à sinceridade e às intenções do outro.

Outra vez, estudar a Bíblia diariamente instala em você um mecanismo autocorretor, uma espécie de GPS espiritual.[7] Com esse mecanismo precisamente calibrado, quando alguma coisa sai errado, conseguimos identificar a razão e, o melhor de tudo, sabemos como corrigir a rota antes de tomar um caminho sem retorno.

Não podemos *deixar de* nos sentar aos pés de Jesus diariamente. Como cada dia tem os próprios desafios, fazer as devocionais não deve ser a nossa última idéia, mas a primeira. Não pode ser uma carga; precisamos torná-la uma alegria, uma alegria diária.

Onde quer que eu esteja no mundo, as pessoas sabem exatamente o que estou fazendo — pelo menos às 6h30 da manhã (no meu fuso horário).

Meu filho, Aaron, agora um jovem pastor, desenvolveu o mesmo hábito. Vez ou outra telefono para ele às 6h30 e digo: "Bom dia! Onde você fará sua devocional hoje?". De maneira semelhante, ele ocasionalmente me telefona às 6h30 e pergunta a mesma coisa. É um costume nosso. É outro vínculo especial entre nós, não importa onde estejamos.

---

[7] GPS — abreviatura de *Global Positioning System* (Sistema de Posicionamento Global), que, orientado por satélite, determina a posição de um receptor em qualquer ponto da superfície terrestre. [N. do T.]

Não quero que meu filho me imite, obrigatoriamente. Apenas quero que ele beba da mesma Fonte que eu bebo todos os dias.

E, logicamente, não se trata de algo que nós dois inventamos. Milhões de crentes através da história têm cultivado o mesmo costume. Todos eles buscaram água viva no mesmo lugar.

> *Como de costume*, Jesus foi para o monte das Oliveiras...[8]
>
> Jesus *[freqüentemente]* retirava-se para lugares solitários, e orava.[9]

As devocionais eram um hábito para Jesus. Todos os dias ele passava um tempo com o Pai. Todos os que o rodeavam sabiam que esse era seu costume pessoal. Eles diriam: "Jesus? Ah, sim, eu sei onde ele está. Ele está em algum lugar das montanhas, fazendo sua hora silenciosa. É um hábito que ele nunca abandona".

As pessoas conheciam Jesus pelas coisas que ele estava acostumado a fazer diariamente. Ele era consistente; todos sabiam. Era isso o que o tornava tão confiável.

Se alguém fosse descrever você por seus hábitos, um deles seria sua hora diária silenciosa? Você pode celebrar Deus na multidão, mas apenas poderá conhecer a Deus em uma relação pessoal, sua com ele. É difícil ouvir sua voz no meio da multidão ou quando você está rodeado por distrações. Você precisa de tempo sozinho com Deus, tempo em solitude em que você possa realmente ouvir seu coração.

Cada cultura tem os próprios costumes. Como povo de Deus, vamos fazer disso o nosso costume. Jesus iniciou a jornada. Vamos retomar nosso caminho em direção a ele.

O QUE AGRADA A DEUS

Algumas vezes passo algum tempo com Enoque, outro de meus mentores. A Bíblia diz que ele "viveu ao todo 365 anos.

---

[8] Lucas 22.39.
[9] Lucas 5.16.

Enoque andou com Deus; e já não foi encontrado, pois Deus o havia arrebatado".[10]

No Novo Testamento somos informados de que: "Pela fé Enoque foi arrebatado, de modo que não experimentou a morte; 'e já não foi encontrado, porque Deus o havia arrebatado', pois antes de ser arrebatado recebeu testemunho de que tinha agradado a Deus".[11]

A Bíblia não diz isso exatamente, mas acredito que Enoque e o Senhor se encontravam no mesmo horário todos os dias. Imagino os dois fazendo longas caminhadas pela terra recém-formada, com Enoque abrindo o coração para Deus sobre todas as coisas, e Deus desfrutando do mesmo tipo de relacionamento que tivera, tempos atrás, com Adão e Eva no jardim do Éden.

Então chegou o dia em que o Senhor disse alguma coisa como: *"Enoque, eu amo muito isto tudo! Por que você não vem para casa comigo e continuamos esta caminhada juntos para todo o sempre?"*.

Caminhar com Deus era provavelmente um hábito que Enoque cultivava desde a juventude (o que pode ter sido por volta de seus 80 ou 90 anos naquela época!).

Especulações à parte, o ponto é que estou certo de que Enoque aguardava ansiosamente por esses períodos com Deus. Eles se tornaram o ponto alto do seu dia.

CULTIVANDO O HÁBITO

Desenvolver um hábito como esse pode ser divertido. Se o novo hábito não é algo que você está acostumado a fazer, estabeleça um vínculo com algo que você gosta de fazer. Por exemplo, eu aprecio um bom café. Então, pela manhã, provo uma xícara de café e um saboroso biscoito na agradável cafeteria onde faço minhas devocionais. Tudo isso, reunido, se torna um hábito

---

[10] Gênesis 5.23,24.
[11] Hebreus 11.5.

delicioso. *Café, biscoito, minha Bíblia e um diário.* Todo esse conjunto inunda a minha mente. Eu espero ansiosamente por esse tempo com meus momentos naquela cafeteria. São o ponto alto do meu dia e estou seguro de que o Espírito Santo e meus melhores amigos também o aguardam com expectativa.

Anna, minha esposa, acompanha sua hora devocional com uma fumegante xícara de chá na quietude do fim de tarde. Ela acende um abajur aconchegante, beberica seu chá delicioso, lê a Palavra e escreve em seu diário. Freqüentemente, eu a vejo com a Bíblia na mão, apreciando o final do dia. Essas são memórias calorosas que ficarão no meu coração por muitos anos.

Os especialistas dizem que são necessários vinte e um dias para se desenvolver um hábito. Quero estimular você a, nas próximas três semanas, reservar quarenta minutos de sua manhã ou final de tarde para passar um tempo explorando a Palavra de Deus e ouvindo o que os mentores segundo o coração de Deus têm reservado para você.

Lembre-se de que o tempo diário com o Senhor equivale a "praticar as escalas" do cristão. As tarefas que Deus dá a você e a mim se tornarão cada vez menos difíceis conforme a nossa dedicação em nos sentar diariamente aos seus pés, ouvindo sua Palavra.

A maturidade espiritual vem em camadas. Defina um tempo diário como prioridade em sua vida. Combine-o com alguma coisa que você aprecie, e então comece a praticá-lo todos os dias.

UMA ARMA DE ATAQUE

O sexto capítulo de Efésios descreve a armadura espiritual que Deus providenciou para seus filhos. O texto fala do capacete da salvação, da couraça da justiça, do cinto da verdade, do escudo da fé e dos pés calçados com o evangelho da paz.[12]

[12] V. Efésios 6.10-17.

Você já notou que todas as peças dessa armadura têm o propósito de defender? A passagem menciona apenas uma arma de ataque: "*... a espada do Espírito, que é a palavra de Deus*".[13]

Se queremos ser líderes em nossa família, em nossa comunidade e em nossa igreja, precisamos aprender a avançar e a recuar. Para isso, temos de conhecer a Palavra de Deus e aprender a usá-la efetivamente. Precisamos saber onde estão as principais passagens e memorizar os versículos-chave.

Será uma satisfação guardá-los no íntimo e tê-los todos na ponta da língua.[14]

Use a espada do Espírito para renovar sua mente. A questão não é comprar uma bela Bíblia de bordas douradas, mas é ser capaz de usá-la efetivamente. Se você não puder fazer isso, passará a maior parte de sua vida na defensiva.

Se o único objetivo de uma equipe de atletas é "impedir o outro time de fazer pontos", eles já estão derrotados. É um objetivo derrotista que visa simplesmente a perder por menos pontos do que no jogo anterior.

Se você está jogando na defesa, se tudo o que espera é evitar embaraços, você continuará a perder. A vitória só vem para aqueles que aprendem a atacar e são bem-sucedidos na ofensiva. É exatamente isso o que a Palavra de Deus ajuda você a realizar.

CONHECENDO SUAS ARMAS

Familiarize-se com sua Bíblia, tanto quanto um músico está familiarizado com o seu instrumento musical. Por exemplo, quando eu tocava, queria a *minha* guitarra. Eu era capaz de tocá-la de olhos fechados, pois sabia onde estava cada uma de suas partes. Se eu pegasse a guitarra de outra pessoa, as cordas tinham

---

[13] Efésios 6.17.
[14] Provérbios 22.18.

um peso e uma largura diferentes, o corpo da guitarra era maior e mais fino, e a coisa toda emitia um som estranho.

Ainda era uma guitarra, mas não era a *minha* guitarra.

Você precisa conhecer a sua Bíblia e saber como navegar através dela.

A Bíblia chama isso de sua espada e, se você estiver prestes a entrar em uma batalha, seria melhor conhecer bem sua arma: como ela se ajusta à sua mão, o que acontece quando você a manipula e qual é o resultado quando age de modo diferente. Você não pensaria em ir para a guerra com uma espada de plástico comprada em uma loja de brinquedos. Conhecer *sobre* sua arma não se compara a *saber usá-la*! No calor da batalha, não importa se você sabe quem publicou sua Bíblia ou quem editou as notas de estudo que a acompanham.

O que está oculto em seu coração será o teste decisivo.

Quando você grava a Palavra de Deus no seu coração, guardando cuidadosamente cada palavra, o Espírito Santo promete fazê-lo lembrar-se de tudo isso.[15] Para que isso aconteça, você precisa memorizar essas palavras; precisa guardá-las com segurança em seus arquivos, de modo que elas estejam sempre na ponta de seus lábios.

O que você tem guardado no cartão de memória de seu coração? Se você quiser descobrir, tente escrever em uma folha de papel em branco todas as referências bíblicas que você memorizou até hoje. Quantas você conseguiu escrever? Conseguiu ir além de João 3.16?

O Espírito de Deus promete fazer com que você se lembre da verdade; mas é necessário que haja alguma verdade arquivada, para que ele possa fazê-lo lembrar-se dela!

Jesus estava pronto quando o Diabo veio tentá-lo.[16] Repetidamente, a cada proposta tentadora de Satanás, Jesus respondia:

---

[15] V. João 14.26.
[16] V. Lucas 4; cf. Mateus 4.

"*Está escrito*" e, então, partia para o ataque com alguma passagem específica das Escrituras. Satanás não tinha outra escolha, a não ser fugir.

É a Palavra de Deus, a espada do Espírito — sua única arma de ataque no conflito espiritual — que o protegerá, o sustentará e lhe dará a força e a confiança de que você precisa para vencer. Lembre-se de que nós não temos a sabedoria necessária para ganhar essa batalha; temos de buscá-la em algum outro lugar. É exatamente o que a Bíblia, a biblioteca de Deus, nos oferece. Guarde-a em seu coração, e você terá sabedoria por toda a sua vida.

UM TESTEMUNHO PESSOAL

"...'Saibam que eu sou Deus!'...", diz o Senhor.[17]

Se queremos ouvir a Deus efetivamente, não podemos economizar em nossas devocionais diárias. Precisamos — assim Maria fez — *escolher* a única coisa que afetará todas as outras. Ela precisa ser estabelecida e preservada com suprema sinceridade; como resultado dessas cercas sagradas em nossa vida, Deus aparecerá e *falará* conosco.

O princípio da New Hope Christian Fellowship, no Havaí, vem à minha mente agora. Eu sabia que precisávamos construir os alicerces corretamente. Sabia que precisávamos ouvir a voz de Deus todos os dias, a cada passo da caminhada. Cinco meses antes de começarmos, chamei nosso administrador e disse:

— Precisamos ouvir a Deus a cada passo que dermos. Assim, você concorda em que nos encontremos todas as manhãs às 6h30, para fazer nossas devocionais juntos? Vamos ler a Bíblia sistematicamente e, quando Deus falar conosco sobre algum aspecto que necessite de nossa atenção, vamos registrar em um diário e conversar sobre o que Deus está falando. Então, decidiremos o que fazer de acordo com o que Deus nos disser.

[17] Salmos 46.10.

Ele concordou prontamente.

E assim fizemos. Durante o ano e meio seguinte nos encontramos todas as manhãs — e, dessa experiência sagrada, nasceu a New Hope.

Hoje fazemos tudo o que é possível para incentivar cada membro da igreja a desenvolver seu hábito devocional diário. Oferecemos instrução, compartilhamos histórias de sucesso, lemos partes de nossos diários e distribuímos cópias de nosso *Diário de vida*. Tudo isso torna o processo simples e facilmente acessível.

UM LIVRO QUE MUDARÁ A SUA VIDA

Você já viu o filme *A história sem fim*? A cena de abertura nos leva a uma viela onde conhecemos a personagem principal, um garoto chamado Bastian. Para evitar ser ameaçado, ele corre em direção a uma antiga livraria cujo dono é um velho chamado Coreander. Como Bastian passa algum tempo na livraria, sua atenção se volta para um livro especial.

— Sobre o que é este livro? — Bastian pergunta.

— Ah, é sobre algo especial — Coreander responde.

— Bem, sobre o quê? — retornou o garoto curioso.

O velho novamente esquiva-se da pergunta. — Olhe. Os livros são como cofres. Enquanto você está lendo, pode transformar-se em Tarzan ou Robinson Crusoé.

— É por isso que gosto deles — Bastian comenta.

— Sim, mas depois você volta a ser um garoto novamente.

— O que você quer dizer com isso?

— Ouça — Coreander instrui, fazendo um gesto para que o garoto se aproximasse. — Você já experimentou ser o Capitão Nemo, preso dentro de seu submarino enquanto uma lula gigante o ataca?

— Sim.

— Você não ficou com medo de não conseguir escapar?

— Mas é apenas uma história — o garoto protestou.

— É sobre isso que estou falando. As histórias que você lê são verdadeiros cofres. Cheias de riquezas.

Ao que Bastian retruca:

— E esta aqui não é?

Esse é o tipo de livro que Deus nos deu. Descobri que a Bíblia não é um livro *cofre* como os outros.

Quando eu a leio, entro dentro dela, e ela me desafia, me provoca e me transforma.

Não consigo continuar o mesmo.

A Bíblia não é um cofre. Ela é eterna.

A Bíblia não uma idéia passageira. É a decisão final de Deus.

A Bíblia não é *uma* história. É a *minha* história, é a *sua* história.

Protegendo sua devocional

// ESCRITURAS

Estou dizendo isso para o próprio bem de vocês; não para lhes impor restrições, mas para que vocês possam viver de maneira correta, em plena consagração ao Senhor (1Coríntios 7.35).

//OBSERVAÇÃO

Uma devocional sem distrações — essa é a mais elevada devocional de todas! É tão fácil ficar distraído! Tantas coisas estão acontecendo, que filtrar as desnecessárias parece cada vez mais difícil, especialmente quando as coisas "desnecessárias" são tão bem anunciadas. Coisas boas, mas não estratégicas, agradáveis, mas não eternas — essas podem roubar a melhor parte da minha vida.

//APLICAÇÃO

As Escrituras dizem que minhas devocionais com Deus são algo que devo proteger. Assim como travamos uma bicicleta com medo de que ela seja roubada, ou prendemos um barco ao cais com medo de que ele seja levado pela corrente, preciso proteger, de qualquer distração, minhas devocionais com o Senhor. Não posso tomar isso como algo garantido. Não proteger é convidar tanto o ladrão quanto a corrente. Não proteger minhas devocionais com Cristo convida o inimigo a roubá-las de mim.

Eu não apenas preciso tornar minhas devocionais um hábito, mas também devo proteger o tempo que a elas eu dedico. Não posso permitir que compromissos ou dias agitados roubem o tempo das minhas devocionais.

E, analisando as devocionais em um sentido mais amplo, não posso fazer nenhuma concessão nem baixar minha guarda. Minhas devocionais com Cristo não podem ser distraídas por aquilo que Paulo cita (v. 1Co 7) — mulheres, questões emocionais, ou qualquer coisa dessa natureza. Permaneço fiel à minha esposa e consistente com o meu tempo diante de Deus, filtrando e afastando constantemente tudo aquilo que não produz fruto eterno. Agindo assim, protejo minhas devocionais de qualquer distração.

//ORAÇÃO

Senhor, ajuda-me a guardar o meu tempo contigo. É tão fácil marcar um compromisso ou uma atividade ministerial nesse horário. Obrigado por me fazeres lembrar isso freqüentemente.

CAPÍTULO
6

Cinco coisas para a vida

Assim diz o Senhor, *o Deus de Israel:*
"Escreva num livro todas as palavras que eu lhe falei".[1]

Incontáveis bytes de informação hipnotizam os canais de transmissão todos os dias. O banco de dados aparentemente infinito inunda nossa vida constantemente. Ele está assaltando você agora mesmo, enquanto estas palavras são lidas. Você não tem plena consciência desse bombardeiro cibernético de sinais: ondas de rádio, ondas gama, microondas, sinais de tevê, transmissões por satélite. Você não pode vê-los nem ouvi-los, a menos que ligue o aparelho de tevê ou o rádio!

Essas freqüências de informação passam por nós de forma indolor e completamente imperceptível. Apesar disso, graças às maravilhas da tecnologia moderna, e com o poderoso auxílio da tevê e do rádio (entre muitos outros dispositivos), podemos capturá-las. Elas são então traduzidas em imagens e dados compreensíveis. Dessa forma, somos capazes de ouvir e/ou ver essas freqüências ganhando vida como sons e imagens digitalmente melhoradas.

---

[1] Jeremias 30.2.

No entanto, há uma freqüência muito maior que a maioria das pessoas jamais captou. Ela não traz a última tendência musical, nem exibe a série de tevê mais popular. Em vez disso, é recheada de direção eterna e indispensável sabedoria.

Essa freqüência detém informações vitais sobre nosso futuro. Contém a sabedoria de que você precisará nas próximas semanas, meses e anos. Captura a idéia de que você necessitará desesperadamente hoje. Contém avisos que ajudarão você a evitar as armadilhas da vida e a dominar rapidamente aquelas habilidades pessoais, exatamente aquelas que lhe serão úteis amanhã de manhã no escritório!

Isaías, lembrando-nos disso, fala por experiência própria:

> Quer você se volte para a direita quer para a esquerda, uma voz atrás de você lhe dirá: "Este é o caminho; siga-o".[2]

Os mentores de Deus estão prontos a instruir, treinar, fazer lembrar e algumas vezes reprimir. Estamos prontos a ouvir? Estamos prontos a captar o que eles têm reservado para nós?

Vivemos em uma sociedade acelerada, na qual se deseja sabedoria em pacotes de cinco segundos. Estar ocupado é freqüentemente encarado como equivalente a ser bem-sucedido. Aceitamos facilmente o mito de que a hiperatividade é sinônimo de "importância".

Você tem o mais recente modelo de celular? Desculpe, você está um passo atrás — já existe um novo modelo. E, falando sério, como um PDA[3] e um Bluetooth[4] podem modificar o valor de alguém?

---

[2] Isaías 30.21.
[3] PDA — Personal Digital Assistant (Assistente pessoal digital) — é um computador portátil de dimensões reduzidas, dotado de grande capacidade computacional. [N. do R.]
[4] Bluetooth — sistema de comunicação sem fio entre diferentes dispositivos eletrônicos compatíveis com a tecnologia específica. [N. do R.]

Além disso, com todos os nossos dispositivos, podemos dizer que agora ouvimos mais efetivamente? Eles são realmente apropriados? Quais são as "mídias" mais efetivas para ouvir a voz de Deus acima da cacofonia desse amontoado de gritos e gemidos, e da profusão de tendências e opiniões?

Deixe-me apresentar cinco delas.

Você está pronto para desenvolver um hábito para a vida toda que transformará a maneira com que você pensa, comunica-se e vive? A seguir apresentamos os fundamentos de como você pode efetivamente desenvolver ouvidos para ouvir essa Voz e adquirir coragem para prosseguir. Carrego essas cinco coisas aonde quer que eu vá — elas se tornaram minhas parceiras de viagem constantes ao longo dos anos. Não saia de casa sem elas.

Um marceneiro carrega suas ferramentas. Um atleta nunca esquece seu equipamento, e um músico jamais deixa para trás seu instrumento. Ávidos estudantes da vida freqüentarão a Universidade do Espírito Santo com os cinco elementos essenciais seguintes:

(1) Bíblia

(2) caneta

(3) diário

(4) plano de leitura bíblica

(5) agenda de compromissos

Quando você se comprometer a passar quarenta minutos por dia na companhia de Deus, e quando planejar tirar o máximo proveito desses minutos, não apenas começará a ouvir, mas também passará a capturar a sabedoria de todos os tempos como jamais conseguiu. Esse é um conselho prático que foi testado em campo por cristãos de todas as partes do mundo.

Tenha sua bíblia em mãos

Sei que isso parece estranho, até mesmo chocante, mas tenha a Bíblia em mãos. Certo, todos nós apreciamos os livros devocionais.

Contudo, por mais maravilhosos que possam ser os livros, as revistas e as ajudas devocionais cristãs, eles não pertencem à aliança bíblica. Por que não? Porque a Bíblia é o único livro que Deus inspirou diretamente.

> Toda a Escritura é inspirada por Deus e útil para o ensino, para a repreensão, para a correção e para a instrução na justiça, para que o homem de Deus seja apto e plenamente preparado para toda boa obra.[5]

A Bíblia é o principal meio pelo qual Deus fala conosco. Se deixarmos de lado esse canal primário de comunicação divina, logo estaremos abertos a todo tipo de mentalidade estranha. Lembra-se da senhora que viu uma imagem de Maria em um sanduíche de queijo grelhado? (O tal sanduíche foi vendido recentemente no site eBay por 28 mil dólares.) Ou você sabia que a segunda vinda de Cristo já está estampada nas nuvens? O homem que se autodenomina a reencarnação de Jesus Cristo é um porto-riquenho de 60 anos de idade, vindo de Houston (isso de acordo com a ABC News). Sua popularidade inclui centenas de seguidores crédulos que contribuem, inclusive financeiramente, para sua causa.

A questão é que, se nós negligenciarmos ou eliminarmos os meios básicos pelos quais Deus fala conosco, poderemos ser facilmente enganados. Uma vez que tantas coisas nos atingem ferozmente à velocidade da luz, é essencial que mantenhamos um compromisso diário com o Senhor. A Bíblia é mais atual que o jornal de hoje. É mais instrutiva que o relatório do mercado financeiro, e é mais útil que qualquer programa de entrevistas.

Lembre-se de que a Bíblia é o único livro do universo que foi inspirado por Deus. "Inspirar" significa literalmente "respirar para dentro".

---

[5] 2Timóteo 3.16,17.

A Bíblia é a porta de entrada para o coração de Deus e o modo pelo qual nos conectamos com aqueles que foram designados por ele. Certifique-se de ter a Bíblia em mãos no seu período devocional. Ela é a chave que abre as portas pela qual você precisará entrar nesta semana. Deus sabe quais são as portas. Ele cuidará de abri-las. Você traz a chave.

Tenha uma caneta em mãos

Tenha uma caneta em mãos durante seus momentos devocionais. Por quê? Porque assim você pode marcar as passagens em sua Bíblia.

Talvez você esteja pensando: *Por que marcar a Bíblia?* Isso pode parecer até mesmo um sacrilégio.

Saiba de uma coisa: o papel, a cola, a tinta e o couro que formam o livro físico Bíblia não são santos. O que Deus considera santo são as verdades que capturamos da tinta e do papel e transferimos para nosso coração. Isso, sim, é santo.

E é isso o que o Espírito Santo pode trazer à vida. Quando eu retiro a Palavra de Deus das páginas físicas e a recolho no mais íntimo do meu ser, o Senhor diz: "Eu trarei vida a essas palavras. Eu as inspirarei para dentro de sua alma. Eu as urdirei em cada tecido que compõe o seu corpo, e eu transformarei você, de glória em glória, na minha imagem".

A Bíblia *não* é livro mágico.

Quando eu era criança, tínhamos uma enorme Bíblia de família sobre a mesa do café. Ninguém se atrevia a virar suas páginas. Ela só estava ali para ser vista, como se apenas sua presença fosse capaz de afastar o Diabo assim que ele visse o tamanho do livro.

Um amigo me contou que, quando era garoto, ele dormia com a Bíblia embaixo do travesseiro para se proteger de pesadelos. Boa idéia. Mas Deus não faz esse tipo de promessa. Para que a Bíblia lhe faça algum bem, você precisa manuseá-la, lê-la e absorver em seu coração as verdades ali contidas.

Ao lermos a Bíblia, o Espírito freqüentemente faz com que um versículo ou passagem particular salte aos nossos olhos. Quando isso acontece comigo, pego minha caneta e destaco aquele trecho, ou o circulo, ou ainda marco-o com uma estrela, ou faço um asterisco, um sublinhado. Às vezes, escrevo uma nota ao lado da passagem.

O que estou fazendo de fato? Simplesmente estou concordando com o Espírito: "Nesse dia, o Espírito Santo me revelou isto".

Esta é a minha paixão: todos os dias de minha vida, quero fazer tudo o que puder para extrair os pensamentos de Deus do papel e da tinta das Escrituras e gravá-los na minha alma. É quando ele declara suas palavras diretamente ao meu entendimento e sopra sua vida diretamente em meu coração.

Enquanto a Palavra repousar sobre a mesa do café, ela permanece inerte; é apenas mais um livro. Quando, porém, nós a trazemos para nossos olhos e dela bebemos, o Espírito a inspira em nossa vida. Nesse momento, como Paulo diz, os "olhos do nosso coração" serão iluminados.[6] A Bíblia se torna viva quando aplicamos sua verdade a nossas circunstâncias e situações particulares.

Portanto, pegue uma caneta e sublinhe as passagens para as quais Deus parece estar chamando a sua atenção. Tudo o que você está fazendo é concordar com o que o Espírito já está realizando em seu coração. Certa vez, um homem me disse: "Somos mais pobres por causa das oportunidades que perdemos".

O Espírito Santo já está destacando passagens para você. Com sua caneta, você mostra ao Espírito que captou a verdade e se recusa a perder outra oportunidade de tornar-se mais parecido com ele!

TENHA EM MÃOS UM DIÁRIO

Um diário é apenas um bloco de notas no qual você pode registrar por escrito o que Deus lhe diz. Isso é tudo o que um

---

[6] V. Efésios 1.18.

diário pode representar — um lugar para se registrar! Deixe-me repetir nossa referência bíblica de abertura para este capítulo:

> "Assim diz o SENHOR, o Deus de Israel: Escreva num livro todas as palavras que eu lhe falei".[7]

Tome nota do que Deus lhe está dizendo. Trate cada palavra como se fosse ouro puro. Não sou capaz nem mesmo de começar a descrever quanto isso o ajudará em sua vida. Apenas lembre-se de que o seu diário não é um diário pessoal. É Deus falando com você durante sua dedicação diária de quarenta minutos às devocionais. Não é um espaço para pensamentos aleatórios (embora isso possa ser um exercício terapêutico em outro nível). O seu diário é o seu jardim de sabedoria, o lugar onde se concentram as idéias divinas que você receberá dos mentores de todas as épocas.

Na prática, como é fazer um diário? A seguir reproduzimos um registro do meu diário após minha leitura de Deuteronômio 28.47,48.

---

[7] Jeremias 30.2.

Desenvolvendo um coração para o serviço

// ESCRITURAS

Uma vez que vocês não serviram com júbilo e alegria ao SENHOR, o seu Deus, na época da prosperidade, então, em meio à fome e à sede, em nudez e pobreza extrema, vocês servirão aos inimigos que o SENHOR enviará contra vocês... (Deuteronômio 28.47,48).

// OBSERVAÇÃO

Deus não nos quer apenas para servi-lo, certo? Na verdade, é o motivo que está por trás do meu serviço que chama a atenção divina. Posso servir motivado por medo de sofrer retaliação. Posso servir motivado pelo desejo de ser aplaudido. Posso servir para ser notado, recompensado, honrado ou mesmo reconhecido — mas Deus diz nesta passagem: "Não quero que você me sirva apenas por obrigação. Quero que me sirva com um coração repleto de alegria e felicidade". É a motivação e o coração que estão por trás do serviço realizado que o vivifica.

Não é por nada que eu deseje. É simplesmente pela alegria de servir. A contrapartida é que a alegria que agora sinto em meu coração, pelo fato de ter servido, é o maior tesouro do mundo. Quando não tenho a motivação correta, é como se eu estivesse servindo aos meus inimigos com fome e sede.

// APLICAÇÃO

Se os meus motivos para servir são errados, mesmo assim posso servir; mas, quando termino, continuarei com fome e sede espiritual. O serviço tem por finalidade preencher o meu coração; mas, se minhas motivações estão erradas, terminarei vazio, cansado, esgotado, exausto e irritado pelo fato de os outros não terem ajudado. Preciso mudar — não o meu serviço, mas o coração com que sirvo.

// ORAÇÃO

Pai, minha oração é esta: por favor, grava a tua verdade no meu coração, de modo que eu possa ser um verdadeiro servo. Ajuda-me a servir com um coração alegre, para que a tua alegria seja verdadeiramente a minha força.

Noventa e cinco por cento de todas as mensagens que eu prego vêm dos meus diários. Apenas sentado aos pés de Cristo e ouvindo a sua instrução, é que adquiro sabedoria do Mentor Divino. Depois que a compreendo no íntimo do meu ser, eu a coloco em uma bandeja de prata e sirvo-a ao meu povo.

DIÁRIOS PARA O CORAÇÃO

Há muitos tipos de diários disponíveis. Na New Hope, desenvolvemos vários exemplos que funcionam muito bem. As pessoas geralmente preferem o modelo clássico, ao qual chamamos de *Diário de vida*. Temos também um modelo chamado *Diário dos primeiros passos*, que exige um pouco menos de leitura que a versão clássica. Ele omite uma série de passagens paralelas e leituras periféricas, mas usa a mesma estrutura básica.

Além desses, há o *Diário das crianças*. Nele, apresentamos o que consideramos os versículos mais importantes da edição clássica. Dessa forma, enquanto as crianças estiverem lendo três versículos de determinada passagem, você lerá três capítulos inteiros dos quais esses versículos foram extraídos. Gosto muito também do *Diário das crianças* porque ele traz personagens em formato de quadrinhos, que remetem ao método de quatro passos, apresentado no Capítulo 7.

Há um benefício paralelo em fazer com que seus filhos leiam e façam o registro em um diário ao mesmo tempo que você. Se sua filha pequena está lendo uma porção da história bíblica — digamos, o relato de Noé —, provavelmente ela virá a você e dirá: "Ei, mamãe, li sobre Noé e a arca, hoje!". E você poderá dizer: "Eu também!".

Logicamente, você terá lido muito mais, mas sua filha ainda assim poderá compartilhar com você o que ela escreveu no diário. Vocês duas poderão contar uma à outra o que aprenderam sobre a passagem. Desse modo, poderão desenvolver o companheirismo e compartilhar mutuamente o que Deus está ensinando a vocês duas.

Uma das melhores coisas que já fiz com meu filho, Aaron, foi levá-lo para tomar café e fazer as devocionais junto comigo. Nós lemos a mesma passagem. Aaron selecionou algum trecho que Deus tinha destacado para ele e o registrou no seu diário. Eu fiz o mesmo, e então compartilhamos um com o outro como Deus estava trabalhando em nossa vida. Essa é uma forma maravilhosa de desenvolver o relacionamento entre pais e filhos, e de orar um pelo outro.

A mesma coisa pode acontecer quando você e seu cônjuge escrevem um diário juntos. Anteriormente, contei que minha esposa é uma pessoa vespertina. Ela faz suas devocionais no final da tarde, enquanto eu prefiro fazê-las logo de manhã cedo. Várias vezes na semana, porém, ela me telefona e diz: "Querido, o que você captou da leitura de ontem?". Então, eu leio para ela o que eu registrei no meu diário, e minha esposa lê para mim o que ela registrou.

Fazer devocionais dessa maneira permite que você compartilhe com seu marido ou sua esposa o que Deus está falando em sua vida, e essa experiência fortalecerá o seu casamento. Isso encorajará vocês dois a se sentarem regularmente aos pés de Jesus.

É MESMO NECESSÁRIO FAZER O DIÁRIO?

Apesar de todos esses benefícios, conheço muitos cristãos que resistem à idéia de fazer um diário. Alguns me dizem: "Wayne, eu leio a Bíblia, mas não tomo notas". Como resposta, freqüentemente eu conto a eles a seguinte história:

Vários anos atrás, meu amigo Jack Hayford e eu faríamos juntos uma palestra. Naquela época, Jack pastoreava uma igreja em Van Nuys, Califórnia. Eu lutava com algumas questões no ministério e ele provavelmente enfrentava algo similar. Telefonei para o seu quarto no hotel e perguntei se podíamos nos encontrar.

— Com certeza! — ele disse. — Mas preciso pegar um vôo dentro de uma hora. Podemos nos encontrar agora mesmo?

— Claro — respondi.
— Então, vamos nos encontrar no saguão — ele retrucou.

Agarrei um bloco de notas e corri para o elevador. Jack já estava me esperando quando cheguei.

De cara, ele graciosamente ressaltou que dispunha de apenas uma hora para mim. Nos primeiros cinco minutos, descrevi minhas lutas, apresentando o contexto necessário para que ele entendesse o meu problema. Então, eu disse:

— Se você pudesse voltar no tempo, sabendo o que você sabe agora, que conselho me daria?

Ele falou durante os cinqüenta e cinco minutos seguintes, enquanto eu apenas escutava.

Agora, vamos inverter as coisas. E se *eu* tivesse falado durante a maior parte do tempo e tivesse dito a Jack: "Ok, você tem cinco minutos. *Fale!*"? Que tipo de relacionamento seria? Eu estaria honrando meu interlocutor? Não, ao contrário, o que o honraria seria limitar meu discurso e dar a ele liberdade para falar ao meu coração.

É assim que honramos a Deus em nossas devocionais.

HONRANDO A DEUS COM NOSSAS ANOTAÇÕES

Aquele que tem ouvidos ouça o que o Espírito diz às igrejas...[8]

Eu também fiz outra coisa no dia em que conversei com Jack Hayford: preenchi páginas e páginas de anotações. Eu estava levando a sério a ajuda de Jack, e sabia que suas palavras não seriam vãs. Tinha consciência de que Deus falaria por meio dele, e não queria desperdiçar aquele momento.

Você acha que minhas anotações o ofenderam? De maneira nenhuma! Tomar notas é uma das melhores maneiras de prestar

---

[8] Apocalipse 2.11.

tributo ao seu instrutor. Eu estava comunicando a Jack que pretendia fazer algo com seus conselhos. Eu estava seriamente determinado a aplicar aquilo sobre o que ele me instruía.

Quando registro os pensamentos de Deus em um diário durante minhas devocionais, estou declarando: "Pretendo aplicar o que o Senhor está me dizendo hoje". Nós honramos o Espírito Santo e os mentores que ele escolheu quando tomamos notas sobre o que ele está dizendo por intermédio desses homens e mulheres.

Algumas pessoas continuam resistindo a essa idéia, e algumas me dizem: "Entendo tudo isso, mas, mesmo assim, não faço anotações. Registrar as coisas em um diário simplesmente não serve para mim".

Como resposta, geralmente eu lembro a essa pessoa que os testes estão chegando. Se ela me perguntar o que quero dizer com isso, talvez eu dê um exemplo como este:

— Imagine que nós dois estejamos assistindo a uma aula de física juntos. Imagine que eu faça anotações, enquanto você não anota nada. Você poderia dizer: "Por que você está tomando notas? Eu não preciso disso; para mim, basta ouvir o professor. Eu já freqüento as aulas; por que deveria também escrever o que o professor diz?".

Porque, quando os testes chegarem — e anote minhas palavras: *eles chegarão* —, qual de nós você acredita que se sairá melhor?

Não há nenhuma dúvida de que os testes virão. No entanto, se ouvirmos a voz de Deus em sua Palavra e registrarmos o que tivermos ouvido, a sabedoria divina começará a ser derramada em nosso coração, camada após camada. Então, quando as dificuldades assolarem nosso pequeno mundo de paz, certamente nos lembraremos do que os nossos mentores nos ensinaram. Juntaremos todas as peças e navegaremos em direção à vitória.

Você se lembra de que, em Deuteronômio, Deus exigiu que os futuros reis de Israel escrevessem, de próprio punho, a lei e a lessem todos os dias? Preste atenção a esta instrução:

Quando subir ao trono do seu reino, mandará fazer num rolo, para o seu uso pessoal, uma cópia da lei [...] Trará sempre essa cópia consigo e terá que lê-la todos os dias da sua vida, para que aprenda a temer o SENHOR, o seu Deus, e a cumprir fielmente todas as palavras desta lei, e todos estes decretos. Isso fará que ele não se considere superior...[9]

Creio que, se Deus exigiu isso dos reis, por que essa não seria uma excelente idéia também para os filhos do Rei?

TENHA EM MÃOS UM PLANO DE LEITURA BÍBLICA

Quando você fizer suas devocionais, certifique-se de ter um mapa, ou seja, um plano de leitura para sua orientação. Se você não se mover pela Bíblia, com uma espécie de GPS, terá muito mais dificuldade em navegar.

Sem um sistema desse tipo, por onde você começará? A maioria de nós olha para este enorme livro chamado Bíblia (na verdade, 66 livros) e pensa: *Por onde começo? Parto da primeira página e leio até o final?*

Com um plano de leitura, você terá um caminho nítido a seguir. Sem ele, você provavelmente visitará apenas seus lugares favoritos. Os novatos geralmente começam com Salmos e Provérbios, e depois vagueiam por Mateus, Marcos, Lucas e João. Então revisitam Provérbios mais uma vez e, depois disso, talvez leiam um pouco mais dos Evangelhos. Entre esses dois extremos, terminamos com páginas não visitadas — páginas contendo inúmeras verdades inexploradas e incontáveis tesouros encobertos. No plano "Fico com meus favoritos", provavelmente você terminará com uma visão parcial do que Deus é e com um amontoado de perspectivas estranhas e semiprocessadas sobre questões variadas.

---

[9] Deuteronômio 17.18-20.

Não deixe que os mentores bíblicos menos visitados se sintam sozinhos e abandonados!

As pessoas mais solitárias da Bíblia são os Profetas Menores. Eu quase posso ouvir um deles reclamando: "Esses cristãos nunca vêm à minha casa! Eles visitam Davi e Salomão o tempo todo. Encontram os discípulos e Paulo regularmente. Talvez uma vez por ano apareçam na casa de nosso excêntrico primo Jeremias. Mas eles nunca vêm à *minha* casa". E imediatamente todos os outros Profetas Menores concordariam em um alto protesto: "Amém! Ai de nós, preparamos tanta comida — sim, um verdadeiro banquete — e eles não aparecem!".

Use um mapa que leve você a todos os recantos da Bíblia. Vá à casa dos profetas e descubra que eles o receberão com gosto e lhe propiciarão um desenvolvimento inacreditável. Os Profetas Menores têm grandes mensagens para você! Lembre-se, porém: provavelmente, você nunca os visitará se não tiver um mapa da vizinhança.

O *Marcador do Diário de vida* leva os leitores por uma visita anual ao Antigo Testamento e visitas semestrais ao NT. E ele é estruturado de tal maneira que os alunos podem monitorar seu progresso diário.

Para aqueles que estão apenas começando, isso pode apresentar-se como um ponto de partida aparentemente gigantesco. "Há uma prorrogação? E se eu não conseguir ler três ou quatro capítulos por dia?".

Sem problemas. Comece lendo apenas metade disso. Provavelmente será o dobro do que você leu este ano. Então, quando você tiver mais prática, pode aumentar gradativamente a extensão de sua leitura.

Perdeu um dia? Não se recrimine e não desista.

Diariamente, comece com a leitura agendada para aquele dia. Em outras palavras, se você estiver atrasado, comece com a leitura definida para hoje. Quando você tiver um dia ou um tempo livre, pode retornar àquele trecho perdido e recuperar o seu plano de leitura. Quando você não tiver tempo, não se aflija; não tente comprimir em um o valor de três dias de leitura. Você não aproveitará nada de suas devocionais.

Esteja onde você estiver, simplesmente comece! Mergulhe de cabeça. Você pode sentir uma leve culpa quando vir espaços em branco não preenchidos. Não permita que essa culpa o derrube: ignore esses espaços e inicie a leitura agendada para o dia determinado. Leia-a lentamente. Leia-a em busca de compreensão.

"E seu eu me atrasar três ou quatro dias?"

Deus ainda estará esperando por você, pronto para revelar suas idéias e direção, aguardando para envolver você no amor divino.

Não desista!

Podemos lembrar ocasiões em que estamos tão absortos em um projeto que pulamos o café-da-manhã e passamos direto pelo almoço. Por volta das 3h ou 4h da tarde, a fome começa a ranger dentro do estômago. Só então você se lembra de que pulou *duas* refeições! O que você faz — qual é sua reação?

Você vai dizer: "Bem, pulei o café-da-manhã e passei direto pelo almoço, então esqueça — não vou comer nunca mais. Afinal, eu já perdi *duas* refeições!..."? É claro que não! Você aguarda pelo jantar com ansiedade ainda maior.

É a mesma coisa com o plano de leitura bíblica. Lembre-se: você está se alimentando espiritualmente. Então, se perder uma ou duas refeições, coma apenas por aquele dia. Alimente-se e siga em frente. E, quando houver oportunidade, tente recuperar o que você perdeu.

É uma ótima sensação ver seu plano de leitura totalmente preenchido quando você termina. É também muito bom recompensar a si mesmo por um trabalho bem feito. Você merece uma recompensa e uma celebração! (Certa vez eu me presenteei com uma motocicleta.)

Tenha em mãos uma agenda de compromissos

Pode parecer estranho pensar em usar uma agenda de compromissos em suas devocionais, mas há uma razão muito concreta para isso. O que acontece inevitavelmente quando você dá início ao seu momento com Deus? *Algumas tarefas não concluídas começam a pipocar em sua mente.* Isso é absolutamente previsível. Uma conta não paga. Uma carta não enviada. Uma tarefa incompleta. Uma mensagem por terminar.

Você tenta gravar cada uma delas em sua mente. Ao tentar retê-las, você pode recorrer a truques de memória, usando acrósticos ou a mera repetição para não esquecê-las. Enquanto faz isso, perde a maior parte do que Deus está falando. Seu cérebro está ocupado em gerenciar uma batalha de pensamentos.

A agenda de compromissos pode ser um calendário elegante comprado em uma loja, ou pode ser um cartão simples, um guardanapo ou o verso de um envelope. Então, sempre que alguma coisa pipocar aleatoriamente em sua mente — *retornar um telefonema, enviar um e-mail, mandar uma mensagem para sua esposa* — tome nota. Assim você libera instantaneamente sua mente para retornar à leitura.

Quando você não precisa usar o poder do seu cérebro para lembrar coisas triviais, pensamentos aleatórios não dominam sua mente. Você está livre para concentrar toda a sua energia naquilo que Deus quer dizer a você por meio de sua Palavra.

E adivinhe... Quando terminar, você terá recebido uma pedra preciosa diretamente do Senhor, *e* todas aquelas coisas aleatórias ainda estarão pacientemente aguardando por sua atenção.

Seu coração será melhor por causa disso, sua mente será melhor por causa disso, e sua esposa deixará você voltar para casa porque você cumpriu o compromisso que havia firmado com ela. Tudo dará certo!

FORTALEÇA-SE PARA OS DESAFIOS FUTUROS

Se ainda não chegou, chegará o dia em que seu mundo pressionará você como se fosse um torno. Erros ameaçarão roubar a sua confiança. Uma doença séria pode cobrir com cortinas escuras as janelas de sua esperança. O luto pode agarrar você pela garganta. Você ficará perguntando aonde ir, que caminho seguir.

Entretanto, porque você esteve com Davi em Ziclague, com Moisés no Sinai, com Paulo em Atenas, e com Ester na Pérsia, saberá o que fazer. "Quer você se volte para a direita quer para a esquerda, uma voz atrás de você lhe dirá: 'Este é o caminho; siga-o' ".[10]

Essa será a voz de Isaías, um mentor segundo o coração de Deus que você encontrou ao longo do caminho.

Quando você se comprometer a fazer as devocionais diariamente, prepare-se. Você não leva casacos de inverno para uma viagem ao Havaí, nem vai a um jantar de gala vestindo pijamas. Essas são cinco coisas simples para ter em mãos quando você encontra seus mentores segundo o coração de Deus:

- Bíblia
- caneta
- diário
- plano de leitura bíblica
- agenda de compromissos

Elas o ajudarão a trazer a sabedoria de todos os tempos diretamente ao seu coração.

Você *não pode* deixar de embarcar nesta jornada pelas eras passadas, guiado por mentores eleitos que aguardam por sua companhia. O conselho do Senhor abrirá um mundo inteiro de entendimento. Seus avisos lhe pouparão anos de desperdícios e o

---
[10] Isaías 30.21.

seu encorajamento será como uma onda dourada de luz do sol atravessando a cortina de nuvens em um dia sombrio.

RIQUEZAS ALÉM DA SUA IMAGINAÇÃO

Quem de nós pode atribuir um valor para o tempo pessoal e silencioso na presença de Deus? Ninguém poderia sobreestimar o período diário com Deus, quando ele fala por meio de pessoas como Lucas, Josué e Sansão.

Quer comparar isso ao ouro? Ele é mais valioso do que qualquer metal do mundo. E a cada dia da nossa vida Deus espera por nós com uma oferta renovada.

> Meu fruto é melhor do que o ouro, do que o ouro puro; o que ofereço é superior à prata escolhida.[11]

---

[11] Provérbios 8.19.

Alguns requisitos são exigidos

// ESCRITURAS

"... não expulsarei de diante dele nenhuma das nações que Josué deixou quando morreu. Eu as usarei para pôr Israel à prova e ver se guardará o caminho do Senhor e se andará nele como o fizeram os seus antepassados" (Juízes 2.21,22).

// OBSERVAÇÃO

Nada disso será feito por nós. Quão maravilhoso é ter recebido tutores comprometidos, pais que nos amam ou o privilégio de estar sob a orientação de grandes instrutores! A verdade, porém, é que grande parte da nossa vida ainda está incompleta: "alguns requisitos são exigidos".

O governo oferece escolarização, mas somente você pode instantaneamente convertê-la em sabedoria e caráter. Você pode encontrar um esposo ou esposa, mas somente você poderá construir um casamento saudável. Você pode ter um filho, mas a paternidade responsável lhe exigirá bastante empenho. Você pode ser contratado para um emprego, mas ser bem-sucedido e crescer são desafios do tipo faça-você-mesmo.

Os israelitas queriam alcançar tudo isso sem cumprir nenhum requisito.

// APLICAÇÃO

Geralmente, somos bem parecidos com eles, não somos? Não queremos realmente orar — queremos apenas os benefícios de nossas ações. Não queremos fazer os sacrifícios necessários para um casamento saudável — queremos apenas os resultados.

Deus impõe alguns requisitos porque sem isso nosso coração permanece imaturo, suscetível ao engano e propenso a vaguear. Então, ele nos coloca diante de algumas batalhas para quebrar nossa cerviz. Algumas quedas baixarão nosso nariz e reapresentarão nossos joelhos ao solo. Essas são as marcas de um homem ou de uma mulher que Deus usa: *aqueles cujos olhos estão úmidos, cujos joelhos estão dobrados e cujo coração está quebrantado... mas agora eles são aperfeiçoados por sua graça.*

// ORAÇÃO

Pai, quero ser uma dessas pessoas. Agradeço pelas batalhas em que tu me deste a vitória, pois por isso o meu coração está triunfante, humilde e pronto para a tua manifestação.

CAPÍTULO

7

O método dos quatro passos

Quem pensa conhecer alguma coisa, ainda não conhece como deveria.[1]

Para uma vida de crescimento, a aprendizagem continuada é essencial. Entretanto, a experiência sozinha não nos garante a aprendizagem. É aquilo que você *aprende a partir* de sua vivência que transformará o seu futuro. O seu futuro não é resultado da soma de todas as suas experiências, antes, ele consiste da maneira em que você as *define*.

Então, que dicionário de aprendizagem você pode usar por toda a sua vida? Que significado você dá a cada evento?

Lembre-se de que o sofrimento mudará você, mas não necessariamente para melhor. Você precisa escolher desenvolver-se, e não se amargurar.

Torne sua aprendizagem consistentemente maior que sua experiência definindo *biblicamente* cada acontecimento e cada

[1] 1Coríntios 8.2.

derrota. Isso o poupará de anos de arrependimento e quilômetros de relacionamentos destruídos.

A Bíblia é a escolha de Deus para ser o dicionário da vida. José ajudará você a converter uma traição familiar em uma promessa de futuro. O rei Davi ajudará você a enfrentar a rebelião de seus filhos. Moisés ajudará os líderes com equipes queixosas. Abigail encorajará você a respeito de maridos insensatos.

UM PRÉ-REQUISITO PARA A APRENDIZAGEM

Ao longo dos anos, na New Hope, temos feito uma série de sugestões para ajudar nossa igreja a crescer, mas uma coisa permanece acima de todas as outras.

Não tem nada que ver com demografia.

Não depende da localização.

Não é influenciada pelo tipo de adoração.

Consiste do desenvolvimento de um programa de auto-alimentação, com o uso de um sistema simples de devocionais diárias.

Algum tempo atrás, li em uma revista médica as seguintes palavras penetrantes: *A saúde da América no século XXI não será determinada por aquilo que as pessoas pedem aos médicos que façam por elas, mas por aquilo que os médicos pedem a elas que façam por si mesmas.*

No século XXI, a auto-alimentação será o coração do cristão saudável e o coração da igreja saudável. Será cada um de nós, diariamente, registrando as instruções bíblicas que contêm séculos de sabedoria e aplicando-as como um ungüento aos nossos relacionamentos sofridos e aos cortes e contusões provocados na luta diária pela vida.

A essência de fazer um diário resume-se nos quatro passos seguintes:[2]

---

[2] No original, o autor sugere, para esses quatro passos, a sigla Soap [Scripture, Observation, Application e Prayer (Escrituras, observação, aplicação e oração, em inglês)], adaptado ao português pelo tradutor. [N. do R.]

1. Escrituras
2. Observação
3. Aplicação
4. Oração

Vou explicar como eles funcionam. Esse é um sistema básico que pode gerar profundos resultados. Ele o ajudará a ser plenamente produtivo.

Para preparar o terreno, deixe-me citar as belas palavras de Salmos 19.9: "O temor do SENHOR é límpido..." (ARA).

ESCRITURAS

No capítulo anterior, você leu como um marcador da Bíblia (ou algum outro plano de leitura) lhe permitirá fazer uma leitura estendida do AT e do NT para cada dia do ano. À medida que você fizer com atenção toda a leitura agendada para determinado dia, peça ao Senhor que lhe traga ao coração um texto em particular.

Essa é uma oração que o Espírito Santo aprecia responder.

Ele destacará um versículo ou pensamento que deterá você em algum aspecto ou parecerá brilhar para fora da página. O Espírito sussurrará: *"Isto é para você — esta é uma promessa que você deve reter"* ou *"Esta instrução colocará você nos trilhos novamente"*. Qualquer que seja o texto, anote-o em seu diário. Copie o versículo no topo do registro que você fizer para aquele dia.

Por que é tão importante que, em lugar de focar muitos versículos, você concentre a atenção em apenas um pequeno texto ou um só versículo? Por que eu o estou encorajando firmemente a encontrar *uma coisa* que o Espírito lhe esteja dizendo? É muito simples, e tenho visto isto ser confirmado repetidas vezes: se você tentar apreender mais do que isso, garanto que, até o final do ano, você não se lembrará de mais nada. No entanto, se você se concentrar em apenas um trecho por dia, no final do ano você terá mais de 360 pedras preciosas guardadas em seu coração. E isso não tem preço!

Interagindo dessa forma com o Senhor por meio de sua Palavra, você ouvirá a voz profética. *Você começará a tomar decisões permanentes baseadas na sabedoria eterna, não em derrotas temporárias.* Deixe a Palavra de Deus sustentar sua vida! Desenvolva uma disciplina diária de devocionais que seja inabalável.

Durante o período em que quase desisti de ser ministro, terminei passando um tempo em um silencioso monastério na Califórnia, na busca de recuperar o equilíbrio físico e espiritual. Embora minha alma estivesse exausta e minhas energias à beira do esgotamento, eu prosseguia com minhas devocionais. Se não fosse pela disciplina que desenvolvi ao longo dos anos, duvido que eu tivesse encontrado meu caminho de volta para casa.

Foi lá, à beira do colapso total, que o Senhor falou uma vez mais por intermédio de Jeremias: "Eu não me recusei a ser pastor".[3]

Essa foi a sua palavra profética para mim.

No meio da escuridão e da tempestade, esse simples versículo falou mais ao meu coração do que volumes de eloquente verbosidade. E esse versículo sempre ilustrará para mim a seguinte verdade: "A palavra proferida no tempo certo é como frutas de ouro incrustadas numa escultura de prata".[4]

Permita que Deus lhe entregue a palavra adequada, concentrando-se em *um* pensamento principal em sua leitura diária — não em cinco, dez ou uma dúzia deles.

Uma coisa apenas.

Observação

A questão nunca é "Deus está falando?", mas, sim, "Eu estou ouvindo?". Para ouvir melhor o que Deus tem para lhe dizer, você precisa aquietar o seu coração.

Deixe de lado as demandas e pressões.

---

[3] Jeremias 17.16 (*ARA*).
[4] Provérbios 25.11.

Desligue todas as distrações eletrônicas.

Lembre-se de que Deus raramente gritará para se fazer ouvir! Quando o Espírito destacar aquele pensamento único, observe cuidadosamente o que o versículo diz. Analise para quem a passagem foi originalmente endereçada e por que ela foi escrita. Reflita sobre seu significado, seu tom, seu propósito. Invista vários momentos meditando a respeito, com o objetivo de deixar sua mensagem penetrar limpidamente em seu coração.

O primeiro e o mais importante mandamento de todos, segundo Jesus, é: "Ame o Senhor, o seu Deus, de todo o seu coração, de toda a sua alma, de todo o seu *entendimento* e de todas as suas forças".[5] Isso significa que Deus não quer que você desligue o seu cérebro à medida que ouve a voz divina.

Você já percebeu como nas Escrituras Deus requer, com freqüência, que seus servos "observem" (ou "considerem") alguma coisa, a fim de aprender uma lição divina? Veja alguns exemplos:

- "Considere o íntegro, observe o justo; há futuro para o homem de paz."[6]
- "Observem como crescem os lírios. Eles não trabalham nem tecem. Contudo, eu lhes digo que nem Salomão, em todo o seu esplendor, vestiu-se como um deles."[7]
- "Considerem o exemplo de Abraão: 'Ele creu em Deus, e isso lhe foi creditado como justiça'. Estejam certos, portanto, de que os que são da fé, estes é que são filhos de Abraão."[8]
- "*Jesus* sentou-se em frente do lugar onde eram colocadas as contribuições, e *observava* a multidão colocando o dinheiro nas caixas de ofertas. Muitos ricos lançavam ali grandes

---

[5] Marcos 12.30; cf. Mateus 22.37; Lucas 10.27.
[6] Salmos 37.37.
[7] Lucas 12.27.
[8] Gálatas 3.6,7.

quantias. Então, uma viúva pobre chegou-se e colocou duas pequeninas moedas de cobre, de muito pouco valor."⁹

Agora é sua vez de observar e considerar cuidadosamente. Medite na mensagem que Deus destacou para você. Escreva à mão o que você observar. Pode ser apenas um parágrafo ou algumas poucas sentenças. O importante é colocar a caneta sobre o papel e registrar uma observação em seu diário. Considere todo o contexto, ambiente e situação. Observe o que está acontecendo, quem foi afetado, onde o fato está ocorrendo. Isso aumentará a sua compreensão e desenvolverá suas habilidades de observação.

Aplicação

Depois de analisar cuidadosamente o que o texto diz, reserve algum tempo para escrever como você planeja colocar em prática a lição que o Divino Mentor acabou de trazer à sua atenção. *Em que você será diferente hoje, como resultado do que acabou de ler?* A aplicação responde à pergunta: "Como este versículo ou pensamento se aplica à minha vida em particular?".

A aplicação é uma parte essencial desse processo, porque, sem ela, o que você estará fazendo é colecionando fatos, curiosidades e bits de conhecimento. Lembra-se do que o Senhor Jesus pensava sobre esse tipo de prática? Em um confronto clássico com os fariseus, ele disse: "Eu sei que vocês são descendentes de Abraão. Contudo, estão procurando matar-me, porque em vocês não há lugar para a minha palavra".¹⁰

Você já refletiu sobre a incrível ironia do relacionamento de Jesus com os fariseus? Eles eram judeus de boa-fé, de prodigiosa linhagem. Apesar disso, tramavam violar o sexto mandamento, e então maquinaram uma forma de esconder a verdade fazendo com que os romanos cometessem o assassinato e tirassem o corpo

---

⁹ Marcos 12.41,42.
¹⁰ João 8.37.

de Jesus da cruz, antes que o sábado chegasse, de modo que os judeus não maculassem o dia de descanso.

Impressionante. Os fariseus tinham extenso conhecimento e íntima familiaridade com os detalhes da Palavra de Deus, ao mesmo tempo que deixavam de lado o principal! Acumular conhecimento bíblico sem o compromisso de aplicá-lo à vida leva apenas a uma compreensão completamente equivocada. Paulo concorda com isso: "... sabemos que todos temos conhecimento. O conhecimento traz orgulho, mas o amor edifica. Quem pensa conhecer alguma coisa, ainda não conhece como deveria".[11]

Tiago criou uma metáfora inesquecível para dizer a mesma coisa:

> Aquele que ouve a palavra, mas não a põe em prática, é semelhante a um homem que olha a sua face num espelho e, depois de olhar para si mesmo, sai e logo esquece a sua aparência. Mas o homem que observa atentamente a lei perfeita, que traz a liberdade, e persevera na prática dessa lei, não esquecendo o que ouviu mas praticando-o, será feliz naquilo que fizer.[12]

É a aplicação que sela a Palavra de Deus no nosso coração. A aplicação faz a diferença entre *ouvir* a vontade de Deus e *cumprir* essa vontade. A aplicação é o que diferencia um discípulo de um amador, um seguidor de um fã. A aplicação define como você viverá de modo diferente por causa daquilo que você acabou de ler.

Uma força poderosa entra em ação quando unimos "aquilo em que acreditamos" à "maneira em que vivemos". Uma das maiores moléstias da cristandade é o fenômeno de viver de modo inconsistente com aquilo em que se acredita. *A incongruência é uma das principais causas da ansiedade.* Nós defendemos um ponto de vista, mas vivemos de modo completamente diferente ao que ele nos impõe.

---

[11] 1Coríntios 8.1,2.
[12] Tiago 1.23-25.

- Sabemos tudo o que precisamos saber sobre o amor, mas não sabemos amar.
- Sabemos tudo o que precisamos saber sobre a alegria, mas não sabemos alegrar nossos lares.
- Sabemos tudo o que precisamos saber sobre o perdão, mas não somos capazes de perdoar.

Alguns anos atrás, um pastor amigo meu se envolveu em um caso sexual ilícito. Quando as coisas vieram à tona, ele foi repreendido, sumariamente demitido e posto sob disciplina e aconselhamento. Como amigo, telefonei para ele certo dia e perguntei:

— Como você foi capaz de fazer isso?

— Wayne — ele retrucou —, eu não preciso de mais pessoas me condenando.

Reafirmei minha amizade por ele, mas disse-lhe que eu precisava saber como ele conseguia suportar a dor provocada pela enorme inconsistência entre seu estilo de vida e sua mensagem.

Jamais esquecerei a resposta que esse meu amigo me deu:

— Wayne — ele disse, com um olhar pesado. — Eu não lia a Bíblia para mim mesmo. Eu estudava a Bíblia apenas para preparar os sermões. Encontrava algo e imediatamente passava adiante, como mensagem no domingo seguinte. Assim que eu conseguia extrair lição suficiente do material em minhas mãos, estava pronto para o sermão. Aquilo nunca penetrou em meu coração, e eu continuava faminto, embora estivesse diante de um banquete.

O conhecimento sozinho não é garantia de crescimento. Com a ajuda de Deus, entretanto, podemos alternar entre as lentes do conhecimento e da aplicação. Daí surge a clareza, que resulta em foco. Uma das maiores bênçãos é prometida àqueles que consistentemente aplicam aquilo que sabem: "Agora que vocês sabem estas coisas, *felizes serão se as praticarem*".[13]

---

[13] João 13.17.

Oração

O último passo do seu diário é registrar a sua oração. Pode ser um registro tão simples quanto: *Senhor Jesus, ajuda-me a ser uma pessoa que ouve a tua Palavra. Hoje eu reservarei tempo para ouvir o que tu estás me dizendo. Fala, Senhor, pois teu servo está ouvindo.* Encerre seu tempo na Palavra com uma poderosa oração a Deus. Peça a ele que o ajude a aplicar em sua vida o que você acabou de aprender. E não se esqueça de dizer a ele quanto você está agradecido pelo poder de sua Palavra!

Algumas pessoas preferem não escrever suas orações, mas eu descobri que esse é um modo maravilhoso de consolidar tudo o que acabou de se passar em minha mente e no meu coração. Evite escrever seus registros em forma de anotações. Escreva tudo o que Deus lhe disser; quando chegar a hora de você comunicar o que aprendeu, *tudo* voltará à sua mente — até mesmo a oração feita por você.

Algumas vezes quando volto a um antigo registro no diário, leio a oração feita e logo sou convencido por ela. Muitas vezes pedi a Deus que fizesse meu coração voltar a ser o que era quando ouvi a voz divina pela primeira vez. Com o passar dos anos, o nosso coração pode mudar, endurecer e calejar. Reler nossas orações nos faz lembrar de manter um coração flexível, sempre moldável pelas mãos do Criador.

Uma vez que você tenha escrito sua oração, sugiro que retorne ao começo de seu registro e dê a ele um título descritivo. Talvez você tenha destacado Mateus 10.27, que diz: "O que eu lhes digo na escuridão, falem à luz do dia; o que é sussurrado em seus ouvidos, proclamem dos telhados".

Dê a seu registro um título como "Preste atenção" ou "Ouvidos que ouvem". Escreva o título no topo do registro para aquele dia. Agora você captou uma pedra preciosa em formação. Aplicar isso à sua vida cotidiana contribuirá para que sua fé torne-se vibrante e comprovada.

SUMÁRIO

Finalmente, é importante colocar na frente de seu diário uma rápida anotação sobre o que Deus lhe disse, e quando. O *Diário de vida* tem um local preparado para isso, sob o título "Sumário".

No seu sumário, escreva o título que você deu ao seu registro, juntamente com a referência bíblica, a data e a página do diário onde seu registro pode ser encontrado.

Se três meses antes você me perguntasse o que Deus estava dizendo para mim, eu poderia ir ao sumário do *Diário de vida* e encontrar a resposta em segundos. Tudo o que Deus falou comigo volta à minha consciência facilmente, porque tenho os registros entesourados de sua sabedoria, personalizados diretamente para o meu coração, e que nunca poderão ser tirados de mim.

Quando Deus destacar um versículo ou pensamento de sua leitura diária, aplique o método dos quatro passos — Escrituras, Observação, Aplicação e Oração! Então, registre isso em seu sumário. Por meio desse método, você construirá as verdadeiras raízes de Deus em sua alma, e desenvolverá um recurso espiritual que enriquecerá sua vida pelos anos futuros.

QUANDO VOCÊ ESTÁ EM SUA MELHOR FORMA

Ao longo dos anos, muitas pessoas me têm perguntado qual o melhor horário para as devocionais diárias.

Eu tenho uma resposta simples.

O melhor horário para fazer as devocionais é quando você está na sua melhor forma.

Eu sou uma pessoa matinal, então faço minhas devocionais logo cedo, por volta das 6h30. É quando estou na minha melhor forma.

Por outro lado, Anna fica cheia de vida no final da tarde. Então, geralmente ela faz suas devocionais depois que o sol se põe, porque quer dar ao Espírito Santo os melhores momentos do seu dia. Desse modo, ela cresce mais, retém mais e compreende mais.

Enquanto o cérebro de minha esposa está a toda velocidade às 19 horas, o meu está se desligando e vai perdendo a funcionalidade a cada segundo. Por volta das 22 horas, entra em coma. Minha esposa e eu temos agendas e ritmos biológicos diferentes. Não há nada errado nisso. Eu não sou adepto da mentalidade um-tamanho-para-todos, que está por trás do conceito de que, se você realmente quer uma boa devocional, o tempo dedicado a essa devocional deve ser bem cedo pela manhã.

Faça suas devocionais no melhor horário para você. Quando você dá a Deus o seu melhor, é quando as aulas começam para você.

CRIE UM SOLO FÉRTIL

Usando o método de quatro passos para fazer o seu diário todos os dias, você criará um solo fértil em seu coração. Deus plantará uma semente ali, e logo uma árvore criará raízes e dará frutos:

> Como é feliz aquele
> que não segue o conselho dos ímpios,
> não imita a conduta dos pecadores,
> nem se assenta na roda dos zombadores!
> Ao contrário, sua satisfação
> está na lei do SENHOR,
> e nessa lei medita dia e noite.
> É como árvore plantada
> à beira de águas correntes:
> Dá fruto no tempo certo
> e suas folhas não murcham.
> Tudo o que ele faz prospera! [14]

---

[14] Salmos 1.1-3.

Mugido de bois

// ESCRITURAS

Quando Samuel o encontrou, Saul disse: "O SENHOR te abençoe! Eu segui as instruções do SENHOR". Samuel, porém, perguntou: "Então que balido de ovelhas é esse que ouço com meus próprios ouvidos? Que mugido de bois é esse que estou ouvindo?" (1Samuel 15.13-14).

// OBSERVAÇÃO

Deus instruiu Saul a destruir completamente os amalequitas. Em vez disso, Saul decidiu por conta própria o que devia ou não ser destruído. Fosse por mera ambição, uma simples indisposição emocional ou qualquer outra razão, Saul achou que a sua avaliação pessoal era superior ao julgamento de Deus. Quando Samuel chegou, Saul se esforçava para justificar as próprias ações, mesmo que logo atrás dele houvesse sinais claros de sua desobediência.

// APLICAÇÃO

Deus mostrará o que é precioso e o que não é. Como Saul, posso ter a tendência de "melhorar" os decretos divinos, mas não o devo fazer. *Preciso deixar que Deus defina as minhas prioridades.* Isso me mostrará que habilidades preciso desenvolver e até mesmo que riscos devo assumir.

Ao final, Deus me responsabilizará não apenas por aquilo que fiz, mas por quanto fiz daquilo que *ele me pediu que fizesse*.

Meu tempo e minha energia são limitados. Então, para acomodar as prioridades eternas, vou reunir suas instruções, registrá-las, destacar as atividades necessárias e segui-las totalmente. Aí, sim, terei a confiança necessária para dizer: "Cumpri as instruções do Senhor", e não ouvi o mugido dos bois ao fundo.

// ORAÇÃO

Querido Pai: Por favor, ajuda-me nesta questão crítica para que eu compreenda corretamente as tuas prioridades. Dá-me força para dizer não às oportunidades que prometem muito, mas que me afastam dos teus planos. Ajuda-me a cumprir os teus mandamentos sem o mugido dos bois ao fundo.

Quando Deus plantar uma semente no solo fértil de um coração obediente, esta certamente crescerá e se transformará em algo produtivo. Por outro lado, um coração que ignora a Palavra de Deus se torna endurecido, e, quando ele lança ali uma semente, leva semanas, meses e até mesmo anos para germinar. O solo duro é estéril. Até mesmo as chuvas criadas para satisfazer a sede do solo podem, em vez disso, arrancar do solo árido a semente em potencial, levando-a para um solo mais poroso.

Você se lembra do que aconteceu aos servos hesitantes e preguiçosos na parábola dos talentos? O mestre disse: "Tirem o talento dele e entreguem-no ao que tem dez".[15] O resultado de um solo duro pode ser que o pouco que você tem seja retirado e dado a um bom solo, para que ele possa produzir uma colheita abundante.

Mantenha o seu coração em ótimas condições, interagindo com o Espírito de Deus e com aqueles que o Senhor escolhe, hoje, para você, como mentores segundo o seu coração.

Haverá ocasiões em que você não entenderá a maior parte do que tiver acabado de ler. Não se desespere. Você não está sozinho nisso. Existe uma solução simples: *Não registre no diário os 90% que você não entende; registre os 10% que você de fato compreender.* Se não formos fiéis com os 10% que compreendemos, por que Deus nos revelaria os 90% restantes?

Quando somos fiéis com aquilo que realmente sabemos, Deus se deleitará em nos revelar aquilo que ainda não conhecemos.

Deixe a aventura da vida começar.

---

[15] Mateus 25.28.

CAPÍTULO

8

Pão fresco

Então Jesus declarou: "Eu sou o pão da vida. Aquele que vem a mim nunca terá fome; aquele que crê em mim nunca terá sede".[1]

Molokai não é a ilha preferida dos turistas quando eles planejam suas férias no Havaí. Talvez devessem incluí-la no itinerário. Especialmente se eles, como eu, apreciam muito comer um pão fresco.

Visito Molokai freqüentemente. Sempre que estou por lá, dou uma passada pela padaria Kanemitsu. Não significa uma parada de conveniência para comer um pedaço de bolo. Eu e dezenas de outras pessoas aguardamos, de pé em uma ruela adjacente, durante a madrugada. Depois de mais ou menos uma hora, uma longa fila se forma atrás de uma porta desgastada, tentando captar o mais sedutor dos aromas suspensos no ar da noite estrelada.

Pão fresco. Ah! Não há nada igual no mundo. Só o seu aroma pode encorajar alguém a encarar aquela escura viela Molokai no meio da noite.

---

[1] João 6.35.

Em determinado horário, um funcionário abre a porta, deixando escapar o mais fragrante aroma. Ele analisa a parada noturna e pergunta ao primeiro da fila:

— Que tipo de pão você deseja?

Alguns tiram uma lista do bolso e repetem com exatidão o pedido da mãe. Outros compram o suficiente para saciar a fome noturna: pão recheado de geléia, pão de centeio, pão fermentado ou alguma variedade exclusiva do Havaí.

— Entendi — o atendente dirá ao fechar a porta.

Alguns momentos depois, a porta se abre novamente. Peço um pão de forma de trigo integral e um arco-íris — um pão de forma com massa preparada em vários tons de cor pastel. O pão macio e quentinho passa de mão em mão. Alegremente, eu pago o caixa anônimo, que desaparece rapidamente pela porta envelhecida.

Todas as noites, 30 pessoas ou mais formarão uma fila na ruela, cada uma delas esperando pelo seu pão fresco: um café-da-manhã especial, um presente para a família que eles visitarão em uma ilha vizinha, ou simplesmente uma iguaria degustada na calada da noite.

Por todo o globo, pessoas famintas aspiram por pão fresco, mas um tipo de pão ligeiramente diferente. É um pão que alimenta a fome do coração. É o pão da vida.

Pão fresco — o Pão da Vida — sacia nosso vazio interior. Responde às questões de nossa alma e preenche o vazio que existe em nosso coração.

Esse pão é feito para primeiro ser ingerido e depois compartilhado. Um dos meus mentores favoritos confirma: "Quando as tuas palavras foram encontradas, eu as comi; elas são a minha alegria e o meu júbilo..."[2]

NADA PIOR QUE PÃO ENVELHECIDO

Deus é muito cuidadoso com relação ao pão fresco. Ele se importa com isso porque sabe que o pão envelhecido não nos pode dar a nutrição de que precisamos. Pode dar-nos opiniões e argumentos, mas não toca nossa alma nem transforma nossas ações.

O Senhor nos convida a buscar diariamente pão fresco na *padaria Maná*, esperando que as portas do céu se abram conforme o doce aroma se espalha pelo ar.

Essa foi a lição inesquecível que ele ensinou aos antigos israelitas. Conforme eles cumpriam sua jornada da escravidão no Egito em direção a uma nova vida na terra prometida, o Senhor dava a eles pão fresco todas as manhãs. O maná, como era chamado, continha todas as vitaminas e nutrientes de que eles precisavam. Tinha um sabor doce e excêntrico. O salmista o chamou de "pão dos anjos".[3]

Esse pão fresco dos céus, no entanto, possuía outra propriedade notável: não podia ser armazenado. Não se podia contar com os restos de comida da refeição de ontem. Era preciso colher o alimento fresco a cada dia.

> Eu lhes farei chover pão do céu. O povo sairá e recolherá diariamente a porção necessária para aquele dia. Com isso os porei à prova para ver se seguem ou não as minhas instruções.[4]

Alguns israelitas teimosos ignoraram a orientação de Deus. Tentaram armazenar as provisões divinas. Observe o que aconteceu quando eles fizeram isso:

---

[2] Jeremias 15.16.
[3] Salmos 78.25.
[4] Êxodo 16.4.

Alguns deles não deram atenção a Moisés e guardaram um pouco até a manhã seguinte, mas aquilo criou bicho e começou a cheirar mal.[5]

Em outras palavras, a desobediência deles se tornou fétida e óbvia para todos!

Uma coisa interessante sobre o pão fresco: o "frescor" tem um tempo limitado. É como um belo amanhecer. Você não pode deixar o tempo passar e capturá-lo mais tarde. É fresco para o momento. Procrastine, e logo você será engolido pelos raios de sol que o convidarão a iniciar suas atividades diárias.

Alguma vez você visitou uma igreja em que um grande avivamento tenha ocorrido em tempos remotos — e agora ela não passa de um velho museu mofado? A vida se foi. A exaltação desvaneceu. As multidões definharam; o local inteiro cheira a madeira velha e a carpetes embolorados. Um amigo me contou sobre uma visita à vila Wales, onde, em 1904, o Reavivamento Galês varreu o campo como fogo na savana. Ele ficou triste ao ver que uma daquelas igrejas de pedras erguidas naquela época agora estava sendo usada como um celeiro — uma casca de milho sem portas e sem janelas, cuja única finalidade era armazenar feno.

Aquela igreja havia dispensado o pão fresco. Agora estava tomada pela palha.

Por uma boa razão, Jesus nos instruiu a orar: "Dá-nos cada dia o nosso pão cotidiano".[6] O Senhor quer que nos aproximemos dele diariamente para obter aquilo de que precisaremos para aquele dia. Em parte alguma ele nos pede que oremos por nosso pão semanal, ou mensal, ou anual. Ele nos moldou para que precisássemos de pão fresco diariamente, e nada além de pão fresco diário satisfará nossa alma.

---

[5] Êxodo 16.20.
[6] Lucas 11.3.

RAZÃO POR QUE A VIDA É TÃO "DIÁRIA"

Você conhece outra razão significativa pela qual precisamos de pão fresco, pela qual devemos priorizar nosso relacionamento diário para aprender com o Divino Mentor?

Todos nós temos tendência a divagar.

Raramente ficamos perdidos do dia para a noite. Viajamos à mercê das ondas e gradualmente flutuamos sobre as ondas, geralmente exaustos depois de algum tempo. Ouvir a Deus todos os dias tem o poder de combater essa divagação, como declara a Palavra: "Por isso é preciso que prestemos maior atenção ao que temos ouvido, para que jamais nos desviemos".[7]

Como fazemos isso? Como "prestamos maior atenção"? Submetendo-nos diariamente ao Espírito Santo, nosso Divino Mentor, pedindo a ele que nos ensine, nos guie e nos corrija.

A cada dia que passa, temo ser mais profundamente ignorante que o dia anterior. Apesar disso, o Espírito permanece com seu aluno em recuperação e continua com a mesma força em suas tentativas de me ensinar. É durante esses momentos decisivos, em silêncio diante dele, que começo a lidar comigo mesmo. Percebo que, deixado à própria sorte, não estou minimamente preparado para cumprir aquilo que ele designou para mim.

Essa é uma realidade assustadora e ao mesmo tempo renovadora. Meus encontros freqüentes com o espelho de sua Palavra reiteram o poder de Deus e fazem com que eu me lembre da minha fragilidade.

Esses encontros são *freqüentes* porque me esqueço deles rapidamente.

Esses encontros são *diários* porque minha alma em geral está mais conectada ao eu do que ao sagrado.

Pão fresco. É o principal alimento da minha alma, e da sua também.

---

[7] Hebreus 2.1.

FIQUE PERTO DA PORTA

Deus quer que permaneçamos perto dele, aconchegados em sua presença, perto da porta de onde o pão fresco é servido. Se lermos a Bíblia somente quando tivermos alguma necessidade, o resultado inevitável será que seremos levados por toda sorte de doutrinas. Não ouviremos a Deus todos os dias, e somente perceberemos nossa condição quando começarmos a flutuar cada vez mais distante de seu Filho.

No entanto, se examinarmos a Bíblia diariamente e registrarmos no diário as instruções e os conselhos oferecidos, obteremos a sabedoria que nos ajudará a corrigir o curso das coisas. Precisamos permanecer próximos à porta da padaria.

Como é feliz o homem que me ouve, vigiando *diariamente* à minha porta, esperando junto às portas da minha casa.[8]

Ler esse versículo sempre me leva de volta àquela padaria em Molokai — em pé sob o céu estrelado, esperando o atendente colocar a cabeça para fora da porta e perguntar: "Que pão você deseja, e quantos?".

Saiba de uma coisa: todos somos levados *por alguma coisa*, porque ainda somos revestidos de um corpo físico humano. Nós precisamos lutar contra a natureza torta e pecaminosa que nos acompanhará em nossa jornada por toda a vida e vencer essa natureza. No entanto, encontrar diariamente com mentores segundo o coração de Deus nos permitirá fazer *gradualmente* as correções necessárias, assim não teremos de sofrer o choque de um grande ajuste. Precisamos fazer paradas freqüentes. Sem verificações consistentes para assegurar a nossa direção, podemos ser levados pela corrente e descobrir tarde demais que erramos nos cálculos.

---

[8] Provérbios 8.34.

Examinando a Bíblia

"Ler a Bíblia" e "examinar a Bíblia" são experiências totalmente diferentes. *Ler* a Bíblia colocará você em contato com histórias e fatos. *Examinar* a Bíblia será como seguir a Cristo bem de perto. Você o ouvirá falar a um homem coxo, a um leproso, a alguém denunciado por um sacerdote ou por um ancião. Você ouvirá a sabedoria com a qual ele responde por causa de sua plena segurança e absoluta confiança. Ouvirá o que ele diz a uma mulher prestes a ser executada. Ouvirá o que ele diz àqueles que o procuram ou o rejeitam. Quanto mais você ouvir sobre Deus e sobre o coração divino, mais sua fé crescerá.

"A fé vem por se ouvir a mensagem", Paulo escreveu, "e a mensagem é ouvida mediante a palavra de Cristo".[9] Você edifica a sua fé à medida que ouve a Palavra de Deus; e uma das melhores maneiras de fazer isso é *examinando a Bíblia*.

A sabedoria é construída camada por camada. Tal qual uma mesa envernizada, sua profundidade vem de dezenas de finíssimas coberturas. Depois que cada cobertura é meticulosamente aplicada, a mesa se torna quase translúcida. Você tem a ilusão de que poderia tocar a essência da madeira. Esse tipo de transparência e resplendor não vem como uma chuva torrencial, mas por meio de camadas e camadas de revestimento.

A sabedoria é construída da mesma forma. É o seu caráter sólido que resistirá aos testes do tempo. Você não o adquire em um piscar de olhos nem pode armazenar vários deles em uma pilha. Você cresce em sabedoria dia a dia, passo a passo, palavra a palavra. A sabedoria surge somente pela consistência, e produz suas gemas mais preciosas naquelas pessoas que não se apressam em encontrar uma forma fácil de adquiri-la.

A sabedoria é como um músculo, e você não desenvolve musculatura do dia para a noite.

---

[9] Romanos 10.17.

Eu achei que podia fazer isso.

Quando eu estava na sexta série, um amigo me disse que, se nós levantássemos pesos, nossos músculos aumentariam. Então nos dirigimos à academia e começamos a levantar pesos com o fervor de futuros Schwarzeneggers. Depois de uma manhã de treinos violentos, ambos nos posicionamos em frente ao espelho, procurando quaisquer sinais de músculos protuberantes, antecipando avidamente nossa renovação. Tentamos colaborar com o processo, flexionando, estendendo e suspendendo nossos músculos. Esperamos... e esperamos.

E até hoje estou esperando.

Espere *diariamente* por pão fresco diante da porta envelhecida. Colha *diariamente* esse alimento até que a sua vida comece a corresponder àquilo em que você acredita.

MARAVILHOSO PÃO CELESTIAL

Se você tem mais ou menos a minha idade, deve lembrar-se dos comerciais do velho Wonder Bread norte-americano. O *slogan* era "Ajuda a desenvolver o físico infantil de 12 maneiras!".[10]

Se eles pudessem provar essas alegações sobre o seu pão de forma feito de farinha branca refinada, talvez pudéssemos até debater o assunto. No entanto, nosso foco aqui é o pão fresco do céu, que ajudará a desenvolver uma alma forte de 12 maneiras diferentes — pelo menos! No entanto, se você só o cheirar ocasionalmente ou o provar sem engolir, isso não ajudará muito. Na verdade, fazer isso pode apenas trazer-lhe a ilusão de ser saudável, enquanto o que você observa no final das contas são resultados diametralmente opostos.

---

[10] O Wonder Bread foi um dos primeiros pães industrializados a usar a tecnologia de fatiamento, e sua produção se iniciou nos Estados Unidos, na década de 1920. O *slogan* do produto (adotado nos anos 60) fazia referência ao número de nutrientes adicionados à massa. [N. do T.]

INFORMAÇÃO

Se você toma a Palavra de Deus em sua mente e a declama aos outros, mas não a considera mais profundamente, isso é chamado *informação*. Os fariseus eram realmente notáveis nesse quesito, reunindo intelectualmente todos os tipos de dados bíblicos. Mas eles negligenciavam sua aplicação. Recusavam-se a colocar em prática e viver o que liam. Eles nunca orientavam sua vida pela Palavra de Deus — embora tivessem prazer em ensiná-la aos outros.

Não surpreende que Jesus tenha dito aos seus seguidores:

> Os mestres da lei e os fariseus se assentam na cadeira de Moisés. Obedeçam-lhes e façam tudo o que eles lhes dizem. Mas não façam o que eles fazem, pois não praticam o que pregam.[11]

A *informação* sozinha não é suficiente.

INSPIRAÇÃO

Se você ouve uma mensagem estimulante, que o faz levantar-se e gritar, mas não a considera mais profundamente, isso pode ser chamado *inspiração*. A maioria de nós é ótima nisso. Apreciamos muito ouvir música comovente e participar de seminários de motivação — mas geralmente esse é o ponto mais distante a que chegamos. Isso serve para uma boa conversa e para movimentar nossas intenções, mas mantém em segredo o que precisa ser revelado. Esse tipo de *inspiração*, sozinha, não é suficiente.

ENCARNAÇÃO

De modo oposto, quando você pergunta: "Como viverei de modo diferente por causa do que Deus acabou de me dizer?", a *encarnação* se inicia. É a encarnação que muda o mundo.

---

[11] Mateus 23.2,3.

A encarnação transforma a sua família. A encarnação reescreve o seu futuro. É quando a Palavra de Deus chega ao íntimo do seu ser, penetrando por todos os seus poros — quando você a trata como pão fresco, a ser consumido diariamente —, é aí que você se torna um *discípulo*.

- A Palavra alcança apenas a sua mente: informação.
- A Palavra alcança apenas o seu coração: inspiração.
- A Palavra alcança o íntimo de todo o seu ser: *encarnação*.

Quando a Palavra está apenas na sua mente, ela torna você um fariseu. (E dentro de cada um de nós há um fariseu esperando para manifestar-se!)

Quando a Palavra está apenas no seu coração, ela torna você um fanático.

Quando a Palavra alcança o íntimo de todo o seu ser, ela o torna autêntico.

GUARD-RAILS

Um tempo diário aos pés do Senhor construirá *guard-rails* em seu caráter. Por um lado, eles funcionam como os olhos-de-gatos que são instalados paralelamente às margens de uma estrada. A 60 ou 90 centímetros da margem, essas pequenas protuberâncias luminosas, além de refletir a luz dos faróis, fazem com que um carro que perca a direção sofra um abalo que alerte o motorista sobre o seu desvio da estrada. Isso pode despertar a consciência de que a morte pode estar próxima! Sei disso por experiência própria.

Mas se os olhos-de-gato não forem suficientes, as estradas também têm os *guard-rails*. Estes últimos são um pouco mais incisivos em seu alerta aos motoristas distraídos. Por outro lado, podem salvar a sua vida.

Todos nós precisamos de *guard-rails*.

Há situações em que, basicamente, seguiremos no piloto automático. A tentação armará uma cilada para você. A raiva lhe aplicará uma gravata. A depressão cobrará o seu preço, repreendendo você. Você será tentado a descontar tudo isso apenas para esquivar-se da dor, *mas* os seus *guard-rails* internos, formados pela Palavra de Deus, afastarão você do remorso. Essa fase passará e, depois da luta, você olhará para trás e dirá: "Estou extremamente feliz por ter *guard-rails* que foram mais fortes que minha direção errática!".

UMA NOITE DIANTE DA TENTAÇÃO

Nenhum de nós está imune de se afastar momentaneamente de uma tomada de decisão sábia. Vários anos atrás, quando eu me sentia totalmente esgotado e aborrecido, a tentação se beneficiou de um álibi perfeito. Eu havia terminado um compromisso mais cedo e tinha uma noite inteira livre em um hotel próximo ao aeroporto. Eu não sabia que aquela área em particular era conhecida como uma zona de prostituição.

Pedi ao *maître* do restaurante uma mesa para um. Eu nem sequer tinha sentado quando uma mulher impressionantemente bela ocupou o assento à minha frente.

— Você está satisfeito com o hotel? — ela perguntou. Imaginei que ela fosse uma representante do hotel pesquisando a opinião dos clientes.

— Com certeza — respondi. — É um lindo hotel.

— E os quartos? São do seu agrado?

— Oh, sim — respondi ingenuamente. — As camas são muito confortáveis!

— Estou aqui para lhe oferecer serviços de elite — ela continuou —, reservados apenas para cavalheiros.

Eu devo ser muito bobo, porque mesmo assim não entendi o que ela estava querendo dizer.

— Serviços? — perguntei.

— Sim, serviços de acompanhante que tornarão a sua estada inesquecível.

A ficha finalmente caiu, e toda a situação veio à luz. Ela estava mesmo trabalhando, mas não em uma pesquisa de opinião. Imediatamente uma voz interior interrompeu. *Ninguém ficará sabendo*, seduziu-me a ardilosa cilada. *Você está em um hotel desconhecido, em uma parte afastada do país, e, afinal, merece uma escapada hoje!*

Pode ter sido apenas uma ilusão, mas acho que vi, com o canto do olho, José correndo da esposa de Potifar. E, quando passou por mim, ele gritou:

— É melhor me seguir, Cordeiro — e *agora mesmo*!
— Desculpe-me — eu disse. — Esqueci uma coisa no quarto.
— E corri para alcançar José.

Quando cheguei ao quarto, tranquei a porta e fiquei muito feliz com o que havia feito naquele dia!

De onde vêm esses parâmetros? Onde você os adquire?
De homens e mulheres que estiveram lá antes de você.

- José teve de fugir da esposa de Potifar. Ele conhecia o poder da atração sexual (assim como Sansão).
- Abigail teve de lidar com a ira de Davi, assim como com a própria frustração. Ela agiu sabiamente; seu exemplo poupará você de erros incalculáveis.
- A depressão de Elias o encontrou em solidão e desespero, Jeremias também conhecia bem a depressão; e ambos terão a oportunidade de ensinar você a respeito disso.
- Pedro abandonou seu chamado para voltar a pescar. Ele conhece bem o sentimento de fracasso. E tem muito para compartilhar conosco.

Então, como você obtém os *guard-rails*? Você os incorpora à sua alma quando se alimenta de pão fresco.

Atividade interior

// ESCRITURAS

Saul ficou muito irritado [...] "Atribuíram a Davi dezenas de milhares, mas a mim apenas milhares. O que mais lhe falta senão o reino?" Daí em diante Saul olhava com inveja para Davi. No dia seguinte, um espírito maligno mandado por Deus apoderou-se de Saul... (1Samuel 18.8-10).

// OBSERVAÇÃO

Não tenha dúvidas: o céu e o inferno vigiam mais nossa atividade interior do que nossa atividade exterior. Embora a atividade interior não seja imediatamente visível, não significa que ela não possa ser instantaneamente tóxica. Esse foi o caso da inveja de Saul em relação a Davi. Seu veneno moral aquietava silenciosamente o coração do rei, até que as canções começaram.

// APLICAÇÃO

Este é o teste-chave para qualquer líder: ele não é testado por quanto faz, mas pela maneira com que responde ao que os outros fazem.

- Quando o sucesso dos outros é maior do que o seu, você se alegra, realmente, ou se aborrece em segredo?
- Quando um colega seu fracassa, você se alegra no seu íntimo ou lamenta verdadeiramente?

"... O SENHOR não vê como o homem: o homem vê a aparência, mas o SENHOR vê o coração" (1Samuel 16.7).

A atividade interior é algo a que o céu e o inferno estão atentos. Permitir que a atividade interior siga sem obstáculos tornará nosso coração cético, e as forças do inferno responderão com resultados opressivos. Nossas motivações assumem inclinações estranhas; pensando que estamos certos, acabamos tolos e iludidos.

Preciso checar minha atividade interior freqüentemente. Preciso monitorar meu coração e meus pensamentos. O que está ocupando o tempo de minha mente e de minha conversa interior? O céu monitora minha atividade interior para determinar a minha força.

Da mesma forma em que atua o inferno.

// ORAÇÃO

"Sonda-me, ó Deus, e conhece o meu coração; [...] Vê se em minha conduta algo te ofende, e dirige-me pelo caminho eterno" (Salmos 139.23,24).

FAMINTOS EM UMA TERRA DE ABUNDÂNCIA

Há fome na igreja hoje. Contudo, nem sempre é tão fácil reconhecer porque tendemos a ver as coisas com os olhos errados. Um dos nossos mentores mais negligenciados, o profeta Amós, disse a respeito da fome eminente:

> "Estão chegando os dias", declara o SENHOR, o Soberano, "em que enviarei fome a toda esta terra; não fome de comida nem sede de água, mas *fome e sede de ouvir as palavras do SENHOR*".[12]

A igreja sofre hoje de uma fome de pão fresco — o Pão da Vida — e não de escassez de recursos. Um recente Relatório Barna diz que os norte-americanos gastaram 59 *bilhões* de dólares no último ano com produtos e programas cristãos. Não há nenhuma escassez aí! Dispomos de uma pletora de eventos e livros, seminários e DVDs, cada um prometendo um elixir mágico — desde crescimento pessoal até liberdade financeira, e desde plena realização até reavivamento global.

Temos antídotos pré-embalados para lidar com a tristeza em pequenos grupos, mensagens motivacionais para emocionar a alma, e conferências que garantem o crescimento da congregação. Livros anunciam orações que previnem doenças futuras. A música assegura a ascensão do espírito. Ministérios do tipo "conectar e executar" são produzidos em série para aumentar a freqüência à igreja. E as represensões das Escrituras oferecem garantia de consciência tranqüila para aqueles que estão no exército (sem demandar o tempo ou o custo de um treinamento espiritual adequado).

Apesar de tudo isso, poucos negariam a fome espiritual que está rasgando nossa terra. Se quisermos cumprir o chamado de Deus para nossa vida, temos de ser muito mais bem alimentados e estar em melhores condições. Placebos — injeções espirituais

---

[12] Amós 8.11.

de água com açúcar — podem dar-nos o sabor da doçura, mas nunca nos fortalecerão adequadamente para vencer nossos inimigos. Nunca nos fortificarão para sermos pilares e suportes da verdade que será requerida nesses últimos dias. Eles nunca transmitirão as qualidades necessárias para os jovens líderes chamados a conduzir-nos para o futuro.

Precisamos conectar-nos à mesma Fonte que alimentou os santos do passado. Como Isaque, que caminhou na mesma trilha de seu pai, Abraão, assim também precisamos caminhar nas mesmas trilhas de nossos pais, para que possamos atravessar o deserto e ver as promessas de Deus cumpridas.

Você quer ver a obra do Espírito Santo na sua vida? Você deseja refletir o coração dele mais que o seu coração? Em caso positivo, tenho apenas um conselho a lhe dar:

Coma pão fresco.

Espere diariamente à porta do céu. Pegue o pão enquanto ele está quentinho e fragrante, saído direto do forno. Não importa quão cedo você tenha de levantar-se ou quanto tempo tenha de permanecer em pé para encontrar esse pão. Ele valerá todo o seu tempo e esforço.

PARTE
3

QUÃO DOCE É ESSA VOZ!

CAPÍTULO

9

Carvalho puro

Bendito é o homem cuja confiança está no SENHOR, *cuja confiança nele está. Ele será como uma árvore plantada junto às águas e que estende as suas raízes para o ribeiro. Ela não temerá quando chegar o calor, porque as suas folhas estão sempre verdes; não ficará ansiosa no ano da seca nem deixará de dar fruto.*[1]

Vivemos em um mundo de aparências, onde, freqüentemente, uma imagem vale mais que a realidade, a reputação, mais que o caráter, e a percepção, mais que a verdade. As aparências têm bastante semelhança com o que é real, e ainda custam muito menos.

A imagem de fachada, contudo, só resiste até que a próxima novidade tome o seu lugar. As aparências exigem que, a todo momento, esqueçamos o velho e desejemos o novo.

No entanto, quando está em jogo a essência da vida, as aparências não são suficientes. Sucesso sem arrependimento, assim como famílias saudáveis e igrejas produtivas, requer credibilidade e veracidade. A presença de Deus exige que sejamos autênticos do começo ao fim.

[1] Jeremias 17.7,8.

TESOUROS DE FAMÍLIA E CABEÇAS COROADAS

Anna e eu tínhamos acabado de mudar para nossa primeira casa. Precisávamos de uma mesa, e eu parei em uma loja de móveis. Meu sonho era ter uma autêntica mesa de tampo de carvalho, e havia uma ali, bem na minha frente! Gostei imensamente da aparência nostálgica. Pensei em como aquela mesa seria um tesouro maravilhoso para eu deixar de herança para os meus netos. A loja estava em promoção. Então assumi o risco, e comprei a mesa.

Eu estava orgulhoso daquela majestosa peça histórica que meus netos um dia herdariam e chamariam de "a mesa da virada do século do vovô". Eu estava muito satisfeito com minha compra, até o dia em que notei algo curioso. Sob um exame mais rigoroso, fiquei horrorizado em descobrir que só havia carvalho autêntico no tampo móvel da mesa. O restante era feito de compensado apenas forrado externamente com uma folha de carvalho. Eu tinha ido com muita sede ao pote. E acabei comprando uma mesa de compensado que acreditei ser feita de carvalho maciço!

Ninguém desejaria uma mesa de compensado como herança de família. Para algo ser valioso e apreciado, precisa ser autêntico e genuíno. Só a autenticidade trará valor àquilo que apreciamos. Precisa ser carvalho do começo ao fim.

Você sabe que podemos dizer o mesmo sobre o caráter? As pessoas geralmente são classificadas em dois grupos: fachada ou carvalho maciço. Sob circunstâncias ideais, ambos parecem idênticos. Você poderia facilmente tomar a fachada por uma coisa real. No entanto, quando as turbulências na vida chegam, torna-se instantaneamente evidente o que é feito de serragem e cola, e o que é feito de carvalho do começo ao fim.

Qual é a sua escolha? Eles parecem semelhantes na superfície, mas, na verdade, um é uma imitação barata, e o outro é eterno.

TORNE ISSO SISTÊMICO

Nos dias de hoje, o mundo está clamando por artigos autênticos. Para atender a essa necessidade, não podemos ser feitos de uma fachada aparentemente religiosa que, na verdade, está apenas revestindo um compensado. Todos nós sabemos que aquilo que sustentamos como crença e aquilo que de fato somos podem ser coisas bem diferentes. Geralmente o que somos quando estamos sob os holofotes não corresponde ao que somos quando estamos nas sombras.

As coisas eram diferentes com Jesus. Até mesmo seus inimigos olhavam para ele e exclamavam: "Quem *é* esse que fala com tanta autoridade? E onde ele *conseguiu* essa autoridade?". Você sabe de onde veio tudo isso? Ele permitiu que a semente da Palavra entrasse e alcançasse as profundezas do seu ser. O resultado: uma acumulação e uma aplicação sistêmica da sabedoria.

A autoridade de Jesus era proporcional à sua coerência: *o que ele dizia equivalia ao que ele era.*

Para nós, é aqui que tudo começa a fazer sentido. Um tempo diário aos pés de Jesus gera uma metamorfose de autenticidade. Sua Palavra em doses diárias identifica os setores de compensado em nosso pensamento e tomada de decisão; algo como a alquimia das Escrituras trocando o falso pelo genuíno. Isso acontece lentamente, com o passar do tempo. É uma transformação imperceptível, que requer exposição diária à sua Palavra. Se você, entretanto, investir tempo consistente no exame das Escrituras, o Divino Mentor garantirá que a sua estrutura de carvalho será mais do que uma fina camada de revestimento externo. Ele a tomará da essência do seu ser.

A BARREIRA

No Havaí, 32 mil corredores participam anualmente da Maratona de Honolulu. Eles vêm de praticamente todas as nações no mundo, mas a maior parte vem do Japão. Eles chegam em aviões de carga. Jovens e idosos, homens e mulheres, preparados ou não, eles convergem para explorar, passo a passo, 42 quilômetros em Oahu. Na manhã da corrida, eles parecem produzidos em série: todos usando calçados projetados para corrida e vestindo roupas de corrida com adesivos numerados. Alguns chegam na expectativa de realizar um passeio agradável, outros buscam ansiosamente o desafio, mas os verdadeiros maratonistas serão separados dos novatos por *uma barreira*.

Embora invisível, você não pode deixar de percebê-la. Em torno de 30 quilômetros depois da largada, ela o ataca. Cada passo além da barreira é como se alguém estivesse batendo uma pá quente em cada uma de suas coxas. Seus sapatos pegam fogo e a estrada parece abrir um buraco à sua frente.

Todo corredor alcança a barra, mas a resistência dessa barra depende diretamente da sua preparação antes da corrida.

Alguns corredores atravessam a barreira com o mínimo de fadiga e dor. Outros batem de cara com ela e caem para trás envergonhados.

O que faz a diferença? É a barreira em si? Não, a barreira está lá tanto para os veteranos quanto para os novatos. A solidez da barreira é determinada por aquilo que os corredores *carregam consigo* quando se deparam com ela.

A fachada não se agüenta ou se quebra em partes. O carvalho tem aquilo que conduz à chegada, e a uma brilhante chegada.

O FRUTO DAS DEVOCIONAIS DIÁRIAS

Uma exposição diária ao coração e aos caminhos do Senhor dá início a um processo de transformação. Nós começamos a diminuir; o Senhor cresce. Esse é um processo de autenticidade. Acontece lentamente. Uma fachada você consegue construir rapidamente. O carvalho verdadeiro leva tempo para crescer.

O processo começa no profundo do nosso coração, em nosso ser interior. O Senhor nos ensina e nos renova a alma com uma carga lenta, não com uma explosão de dinamite. "Aquietai-vos", ele diz, "e sabei que eu sou Deus...".[2] Você até consegue vê-lo de

---

[2] Salmos 46.10 (*ARA*).

relance no meio de uma multidão, mas o conhecerá melhor no silêncio.

CONHECENDO-O MELHOR

> *O homem que observa atentamente a lei perfeita, que traz a liberdade, e persevera na prática dessa lei, não esquecendo o que ouviu mas praticando-o, será feliz naquilo que fizer.*[3]

Há vários cursos de leitura dinâmica para homens de negócio ativos. Esses cursos podem ajudar você a varrer páginas e páginas, e prometem guiar você por um livro inteiro em uma única folheada. Eu tenho outro curso a oferecer, uma alternativa: chama-se Curso de Leitura Vagarosa para Discípulos Sérios.

Tiago é o principal responsável por esse curso.

Tiago era um dos meio-irmãos de Jesus. Ele não acreditou que Jesus era o Messias até depois da ressurreição, mas, quando se tornou um crente, ele pegou fogo! Tiago estava tão convencido do poder transformador de Cristo que se tornou uma poderosa testemunha desse poder. A história registra que suas devocionais eram tão autênticas que ele gastava horas em um dia em oração. As pessoas o apelidaram de "Joelhos de camelo" por causa dos calos que se formaram a partir de horas e horas de oração.

Da Palavra, Tiago diz, com efeito: "Examine intencionalmente. Há muito para aprender em uma única leitura. Examine intencionalmente".

A palavra que traduzimos por "intencionalmente" vem de um termo que significa "inclinar-se para olhar mais de perto". Essa é a postura de um aluno curioso, um aluno com intenção de aprender.

"Intencionalmente" significa que a transformação acontece.

> "Não falei secretamente, de algum lugar numa terra de trevas; eu não disse aos descendentes de Jacó: Procurem-me à toa. Eu, o SENHOR, falo a verdade; eu anuncio o que é certo."[4]

---

[3] Tiago 1.25.
[4] Isaías 45.19.

Deus não é inacessível. Ele não é envergonhado nem introvertido. Mas realmente exige que nós o busquemos. Isso aperfeiçoa o nosso coração e purifica nossas motivações. E os benefícios decorrentes são múltiplos. Procurar e buscar a Deus constrói nossa fé, da mesma forma que bicar a casca do ovo fortalece um pintinho recém-nascido.

> "Vocês me procurarão e me acharão quando me procurarem de todo o coração. Eu me deixarei ser encontrado por vocês", declara o SENHOR...[5]

AFINIDADE CRIATIVA

Quanto mais você conhecer a Deus, mais o amará, e, quanto mais o amar, mais desejará conhecê-lo.

Por que é tão importante para Deus que nós o conheçamos? Por que ele deseja que nós o amemos com devoção cada vez maior? É por algo chamado "afinidade criativa". A afinidade criativa significa que você se torna cada vez mais parecido com aquilo que mais ama. Você assume as características de quem ou do que você ama mais profundamente.

Você já percebeu que, quando um casal permanece junto durante cinquenta ou sessenta anos, marido e mulher começam a se parecer? As pessoas começam a se parecer com aquilo que elas amam.

O Havaí é famoso por suas belas praias e fantásticas ondas. Surfar é um esporte muito apreciado, e um amigo meu é viciado em surfe. Ele lê o tempo todo revistas de surfe, tem pôsteres de surfe pendurados nas paredes, e veste roupas de surfista. Tudo nele grita: "Viva o surfe!". Ele se parece com uma prancha de surfe, fala como um surfista e cheira a algas marinhas.

Tenho outro amigo que é apaixonado por tênis. Ele não liga a mínima para o surfe, mas lê o tempo todo revistas sobre tênis,

---

[5] Jeremias 29.13,14.

usa um corte de cabelo que o faz parecer com uma bola de tênis e gasta todo o seu tempo livre em quadras. O tênis é sua paixão, e, acredite em mim, ele realmente a demonstra.

É por essa razão que o maior mandamento de todos é: "Ame o Senhor, o seu Deus, de todo o seu coração, de toda a sua alma, de todo o seu entendimento e de todas as suas forças".[6] Quanto mais amamos a Deus, mais nos tornamos as pessoas que ele desejou criar.

FINALMENTE LIVRES!

Quanto mais você conhece a Palavra de Deus, mais liberdade encontra em sua vida. Por isso Jesus disse: "E *conhecerão* a verdade, e a verdade os libertará".[7]

O que libertará você não é *apenas* a verdade: é a verdade que você *conhece* que o libertará. Se você não conhece a verdade — se ela continua aprisionada nas páginas das Escrituras —, você não será libertado. A verdade sozinha é maravilhosa, mas, até que você a conheça e caminhe à luz dela, a liberdade permanecerá etérea e distante.

Não há nada que possamos fazer ou dizer que torne a verdade menos verdadeira. Trata-se da verdade, não importa o que pensemos a respeito dela. Se nós, entretanto, não viermos a conhecer seu poder e sua aplicabilidade, continuaremos no cativeiro dos velhos pensamentos e perspectivas. Em outras palavras, se você quer que a verdade o liberte, não pode permitir que ela permaneça encoberta. Pegue uma pá e comece a cavar!

LIVRES PARA SEGUIR EM FRENTE!

— Mas — alguém dirá — a Bíblia é cheia de faça-isso e não-faça-aquilo! Isso não significa que, quanto mais você conhecer a Bíblia, mais preso estará?

---

[6] Marcos 12.30.
[7] João 8.32.

Algum tempo atrás, eu estava atrasado para fazer uma visita hospitalar. Eu sabia que precisava correr para chegar dentro do horário de visitas, mas peguei à minha frente, no caminho para o hospital, uma motorista muito lenta. Eu tinha de continuar atrás dela, porque iria virar à direita na esquina seguinte. À medida que nos aproximávamos da esquina, ela deu seta avisando que também viraria à direita. Entretanto, o farol ficou amarelo, e ela parou.

No Havaí, você pode virar à direita com o farol vermelho contanto que pare antes para verificar se o caminho está livre. Como eu não tinha visto um sinal de "Vire à direita apenas com o farol aberto", e uma vez que não havia carros nem pedestres no caminho, minha expectativa era que ela dobrasse a esquina de imediato.

Em vez disso, porém, ela continuou ali, bloqueando a passagem. Fiquei bravo quando os outros buzinaram para mim. Então segurei-me para não incomodar os outros com a minha buzina. Mas aí — com toda a honra e consideração — gritei para ela de dentro do meu carro:

— Senhora, vamos em frente!... Que tal esta semana ainda?

Ela continuou em estado de suspensa animação.

Finalmente, o farol vermelho se tornou verde, e a motorista tocou o carro em frente. Eu contornei a esquina e, quando passei por ela, murmurei: *Se você conhecesse as leis de trânsito, saberia que podia ter virado!*

Naquele momento, reconheci uma verdade eterna. Conhecer a lei não liberta você. NÃO conhecer a lei o aprisiona numa caixa de regras! Quanto mais conhecermos a Deus e sua Palavra, mais livres seremos. Teremos uma nova e crescente confiança e, onde normalmente nossa vida estancaria ou atrasaria, seremos capazes de seguir adiante.

Eu não conheço aquela motorista, nem sei o seu nome, mas realmente a abençôo pela oportunidade que me deu de entender esse conceito.

A ALEGRIA DE OBEDECER

> *Porque nisto consiste o amor a Deus: em obedecer aos seus mandamentos. E os seus mandamentos não são pesados.*[8]

Um dos principais indicadores do meu amor por Deus é se, para mim, obedecer-lhe está se tornando cada vez mais difícil, ou se isso me traz cada vez mais prazer. Muitos acreditam que seguir os mandamentos de Deus é uma tarefa árdua, difícil e desagradável, parecida com caminhar pela lama em uma tempestade fria.

Isso é o oposto do que João diz! Se as exigências do Senhor parecem difíceis para mim, devo visitar outra vez a cruz de Cristo e medir mais uma vez o seu sacrifício de compaixão por mim. Quando tenho um vislumbre renovado de seu maravilhoso amor e graça, meus problemas se relativizam. Quanto maior o amor, menor parece o meu sacrifício.

As leis norte-americanas que parecem óbvias são: ninguém pode assassinar seus familiares, abandonar crianças em uma cidade estranha, ou mergulhar um aparelho elétrico na banheira enquanto o cônjuge está tomando banho.

Esses são estatutos admiráveis, os quais não tenho problema nenhum em seguir. Por que teria? Eles não são incômodos, porque amo minha família. Amo meus filhos e amo minha esposa. Eu nunca os machucaria ou magoaria. Então, essas leis que ordenam que eu os trate bem não são difíceis de serem cumpridas por mim. Quanto mais profundo o amor, mais prazerosa é a obediência.

No entanto, o que acontece se meu amor por minha família diminuir? Aí está a diferença. As leis a respeito de como eles devem ser tratados tornam-se mais difíceis de ser cumpridas.

O INÍCIO DO MILAGRE

Um dos maiores dons que você receberá ao examinar a Bíblia diariamente é *uma resistência crescente à ofensa*. Não perca isso!

---

[8] 1João 5.3.

Sofrer ofensa, justificada ou não, impedirá o milagre em sua vida.

Vemos isso representado no evangelho de Marcos. Quando Jesus se levantou para ensinar na sinagoga, a reação das pessoas foi, na melhor das hipóteses, grosseira. Encontramos as seguintes palavras: "'Não é este o carpinteiro, filho de Maria e irmão de Tiago, José, Judas e Simão? Não estão aqui conosco as suas irmãs?' E ficavam escandalizados por causa dele".[9]

Marcos mostra, então, os resultados de sofrer uma ofensa: "E *não pôde fazer ali nenhum milagre*, exceto impor as mãos sobre alguns doentes e curá-los".[10]

Não é que Jesus não *quisesse* fazê-lo. "Ele não *pôde fazer nenhum milagre...*" Isso sempre me intrigou. Esta é a lição: tanto podemos reter uma ofensa — o que resulta em desistir do milagre — quanto podemos desistir da ofensa a fim de reter o milagre.

A escolha é nossa.

> Os que amam a tua lei desfrutam paz, e nada há que os faça tropeçar.[11]

Uma dose especial de paz é garantida àqueles que amam a Palavra de Deus; eles desenvolverão maior resistência à ofensa.

Preciso desesperadamente abrir espaço para mais milagres em minha vida. Por essa razão, não posso permitir-me ficar ofendido — não posso dar a mim mesmo a opção de reter a ofensa.

Haverá muitas ocasiões em que você sofrerá naturalmente uma ofensa: sua opinião não é levada em consideração; inexplicavelmente, você é ignorado no momento de uma promoção; você é marginalizado por seus colegas de trabalho; você não é convidado para um almoço.

---

[9] Marcos 6.3.
[10] Marcos 6.5.
[11] Salmos 119.165.

Se existe alguém que teve o direito de ficar ofendido, esse alguém foi Jesus. Acossado por demônios, vítima de conspiração de líderes religiosos, seguido por leprosos, abandonado pelos próprios discípulos. Entretanto, encontramos em Isaías as seguintes palavras prenunciando o caráter do Messias:

> [Meu servo] não mostrará fraqueza nem se deixará ferir, até que estabeleça a justiça na terra...[12]

E qual a fonte dessa força interior? O amor pela Palavra de Deus.

Nunca a subestime. Esse pode ser o início do milagre em sua vida.

AMANDO A PALAVRA DE DEUS

O amor crescente pela Palavra de Deus é desenvolvido com exposição consistente. Sua Palavra contém uma química comprovada que incendeia o coração e aprofunda nosso desejo por suas próximas instruções. Davi pondera sobre isso quando diz: "Como a corça anseia por águas correntes, a minha alma anseia por ti, ó Deus".[13]

Busco ansiosamente minhas devocionais diárias. Na verdade, mal posso esperar pela hora de levantar. Quando estou deitado na cama, algumas vezes olho para o relógio próximo à cabeceira, esperando o alarme soar. Assim que ele se manifesta, meus sentimentos despertam. Vou direto para a cafeteria mais próxima, peço uma xícara de café e um biscoito, abro a minha Bíblia, e estou no céu. Espero ansiosamente para examinar a Palavra e falar com pessoas como Sadraque, Mesaque e Abede-Nego, no antigo Iraque, enfrentando não o terrorismo da al-Qaeda, mas um inimigo igualmente perigoso: Nabucodonosor e sua fornalha ardente.

---

[12] Isaías 42.4.
[13] Salmos 42.1.

Preciso ouvir as instruções de Deus para o dia de hoje. O Espírito Santo sabe que desafios enfrentarei, e ele está pronto para transmitir a sabedoria necessária para cada situação. Preciso apenas empenhar-me em ouvir sua direção.

Vários anos atrás, escrevi um pequeno registro no diário para meu filho, Aaron.

Querido Aaron,
Hoje vou falar em um encontro de jovens. Hoje cedo, enquanto eu estava tocando minha guitarra acústica, o homem do som tocava um rock *pauleira, o tipo de música que faz você sentir seu coração tremer a cada batida de tambor. Tentei afinar a guitarra aproximando-a cada vez mais do meu ouvido, mas isso não ajudou. Minha guitarra não combina com amplificadores. Não tínhamos afinadores digitais, então tive de fazer isso do modo antigo — simplesmente ouvindo. Posicionei meu ouvido bem pertinho do corpo da guitarra. Então, surpresa! Independentemente de quanto a música se enfurecia, eu ainda podia ouvir minha guitarra acústica. Isso, porém, não aconteceu porque o som de minha guitarra ficou mais alto. Aconteceu porque meu ouvido chegou mais próximo dela.*

Aaron, haverá ocasiões em que tudo ao seu redor gritará tão alto que será difícil ouvir a voz do nosso Salvador. Sim, ele também pode falar conosco de maneira estrondosa. Isso, no entanto, não exigiria nenhuma fé nele, não é mesmo? Deus sempre estará falando. Algumas vezes, porém, para ouvi-lo, teremos de afinar nossos ouvidos para ouvir as verdadeiras vibrações do seu coração.

E, Aaron, não finja conhecê-lo. Invista tempo para realmente conhecê-lo ouvindo o seu coração. E creio que é isso o que realmente agrada a Deus. Você concorda? Ele não quer que nós imaginemos sua voz sempre alta e pomposa. Em vez disso, ele nos quer como pessoas dispostas a curvar os ouvidos para alcançá-lo. O que mais agrada a Deus são pessoas dispostas a gastar tempo para ouvi-lo todos os dias. Desenvolva ouvidos que ouçam.

Papai

Ouça a Deus todos os dias. Você perceberá que fazer mudanças positivas se tornará cada vez mais fácil. E notará que o revestimento de fachada desaparecerá gradualmente, revelando o carvalho crescido por baixo dela.

NÃO SE TRATA DE UM MILAGRE SÚBITO

Novamente, você não se torna carvalho maciço do dia para a noite. Não acontece num *flash*, num piscar de olhos, nem por uma onda de emoção. Esse crescimento se dá paulatinamente. Ocorre ao longo do tempo, à medida que cooperamos com o conselho que recebemos daqueles que vieram antes de nós.

É possível desfolhar a fachada em troca de carvalho puro. Estou certo disso porque aconteceu a Naamã. Você pode acompanhar sua história revelada em 2Reis 5.

Naamã era comandante do exército arameu. Era leproso. Ele ficou sabendo que certo profeta israelita, Eliseu, orava pelas pessoas e que Deus realmente as curava. Os arameus não tinham trato com os israelitas, mas, apesar disso, o desesperado Naamã engoliu o orgulho e fez uma longa viagem, alcançando Israel apenas para encontrar o profeta, que, contudo, recusou-se a conceder uma audiência. Em vez disso, Naamã foi enviado ao rio Jordão para mergulhar sete vezes em suas águas barrentas.

O humilhado comandante ficou furioso. Felizmente, um de seus servos, disse: "... se o profeta lhe tivesse pedido alguma coisa difícil, o senhor não faria? Quanto mais quando ele apenas lhe diz que se lave, e será purificado!?"[14]

---

[14] 2Reis 5.13

Com isso, Naamã amarrou suas vestes e caminhou rapidamente pelas águas. Mergulhou seu corpo afligido sob o rio e, a cada mergulho concluído, alguma coisa nele era levada pela corrente — uma parte de seu orgulho.

Cada vez que Naamã submergia, Deus quebrava sua prepotência. No sétimo mergulho, a obra estava concluída. Seu autoconceito e sua orgulhosa vontade própria tinham-se dissolvido pelas águas e pelas mãos de Deus. Agora, ele estava pronto para a cura.

Deus nos conhece muito bem e está mais preocupado com *transformação* que com *informação*. Nosso tempo diário com a Palavra não é necessariamente projetado para produzir teólogos. O principal propósito é produzir discípulos. Quando buscamos a Bíblia, não o fazemos a fim de examiná-la, mas para que ela nos examine!

VIVENDO COM INTEGRIDADE

> Nada, em toda a criação, está oculto aos olhos de Deus. Tudo está descoberto e exposto diante dos olhos daquele a quem havemos de prestar contas.[15]

Eu amo a Bíblia porque ela preenche o meu coração.

Assim como você, sou uma pessoa que tem a propensão a seguir na direção errada. Precisamos da Palavra de Deus e de seus mentores para nos mantermos na linha. Hebreus 4.12 diz que a Palavra de Deus é viva e eficaz, e mais afiada que qualquer espada de dois gumes; ela penetra até o ponto de dividir alma e espírito, juntas e medulas, e julga os pensamentos e intenções do coração.

Quando leio a Bíblia, o Espírito de Deus penetra profundamente em mim — nada permanece oculto, todas as coisas são reveladas. Deus examina extensivamente o que está guiando meus desejos e analisa a fundo minhas intenções.

---

[15] Hebreus 4.13.

Quando examino a Bíblia, ela me lê tanto quanto eu a leio! Na verdade, estou submetendo-me a um painel de mentores — colocando-me diante de um benevolente tribunal cuja tarefa é checar minhas motivações. Cada vez que lemos a Palavra de Deus, as motivações do nosso coração são depuradas e purificadas de toda intrusão tóxica. Sei que, se eu quiser terminar minha corrida sem ser desqualificado, preciso desse tipo de genuína integridade.

Um bom amigo meu certa vez escreveu:

> Sonda-me, ó Deus, e conhece o meu coração;
> prova-me, e conhece as minhas inquietações.
> Vê se em minha conduta algo te ofende,
> e dirige-me pelo caminho eterno.[16]

Davi amou intensamente a Deus e sabia que, sem o favor divino, estaria em apuros. Ele não desejava a menor sombra de pecado entre ele e o Senhor. Nos últimos anos de sua vida, Davi fez uma pergunta que ele mesmo respondeu:

> Como pode o jovem manter pura a sua conduta?
> Vivendo de acordo com a tua palavra.
> Guardei no coração a tua palavra
> para não pecar contra ti.[17]

"VOCÊ MORRERÁ"

Gênesis 20 narra um encontro peculiar entre o patriarca eleito, Abraão, e o soberano pagão, Abimeleque. Esse não foi um dos melhores momentos de Abraão. Atravessar o território dos filisteus era, na melhor das hipóteses, perigoso, e infinitamente mais difícil se acompanhado de uma bela esposa.

Naqueles dias, era comum um rei ter o direito de tomar uma mulher solteira para ser sua esposa ou concubina. Se a mulher

---

[16] Salmos 139.23-24.
[17] Salmos 119.9,11.

fosse bonita e casada, o rei podia simplesmente matar o marido e então fazer a bela candidata retornar à sua condição de "solteira".

Para salvar a própria pele, Abraão disse ao rei que sua esposa, Sara, era sua irmã. Abimeleque imediatamente ordenou que Sara fosse levada ao palácio. Ele encontraria sua futura noiva na manhã seguinte.

Mas, naquela mesma noite, Deus falou a Abimeleque em sonho:
— Você morrerá.[18]

Com efeito, a conversação se pareceu com algo como o seguinte:
— Por quê? — Abimeleque perguntou. — O que fiz de errado?
— Você tomou a mulher de outro homem — Deus respondeu.
— Não foi Abraão quem me disse: "Ela é minha irmã"? — o rei alegou. E então acrescentou: — O que fiz foi de *coração puro e de mãos limpas*.[19]

"Então Deus lhe respondeu no sonho: 'Sim, eu sei que você fez isso de coração puro. Eu mesmo impedi que você pecasse contra mim e por isso não lhe permiti tocá-la' ".[20]

A integridade é algo reconhecido por Deus!

Quando somos fiéis em deixar a Palavra de Deus purificar o nosso coração, ele nos oferece divina proteção. Conforme nosso coração é revelado diante da Palavra, Deus aponta quaisquer motivações erradas que possamos abrigar em nosso íntimo.

REMOVENDO O INVISÍVEL

A história ainda não terminou. Deus ordenou a Abimeleque: "Agora devolva a mulher ao marido dela...".[21] E então a Palavra diz o seguinte: "porque o SENHOR havia tornado estéreis todas as

---

[18] Gênesis 20.3.
[19] Gênesis 20.5.
[20] Gênesis 20.6.
[21] Gênesis 20.7.

mulheres da casa de Abimeleque por causa de Sara, mulher de Abraão".[22]

Os filisteus não tinham a menor idéia de que todas as madres haviam sido cerradas. Levaria anos até que eles percebessem que estavam desaparecendo como povo, devido à esterilidade das mulheres. Em uma geração, eles seriam aniquilados. Deus, no entanto, reabriu as madres antes que as conseqüências da infertilidade se espalhassem.

De maneira similar, há ocasiões em nossa vida nas quais o pecado está acontecendo e as conseqüências estão sendo geradas. Deus, então, interfere, interrompendo o curso do pecado. Quando permitimos que Deus purifique o nosso coração a fim de produzir integridade, ele pode anular as conseqüências naturais do pecado — e talvez nunca saibamos nada sobre isso até chegarmos sãos e salvos ao outro lado!

Você quer ser bem-sucedido em sua vida e no ministério? Torne-se uma pessoa íntegra. Permita que Deus purifique seu coração por meio da Palavra. Na verdade, uma das melhores coisas que você pode fazer por si mesmo é certificar-se de que o seu coração é genuinamente íntegro e puro. Esse será o seu maior legado — o seu único legado.

O AJUSTE MAIS RÁPIDO É LENTO

> O Senhor não demora em cumprir a sua promessa, como julgam alguns. Ao contrário, ele é paciente com vocês, não querendo que ninguém pereça, mas que todos cheguem ao arrependimento.[23]

Eis uma nova definição para "lentidão": *a velocidade perfeita de Deus em produzir a imagem dele em você.* É especialmente

---

[22] Gênesis 20.18.
[23] 2Pedro 3.9.

importante lembrar isso sempre que começarmos a nos preocupar com quanto tempo levará para acontecer a transformação.

Você pode pensar: "isso é lento", mas Deus chama a isso de "no momento certo".

Isso exige paciência. Não de nós. Dele!

E a razão pela qual Deus é tão paciente conosco é que ele não quer que pereçamos. Como o leproso Naamã, precisamos de tempo para chegar ao arrependimento. Levaremos dias, algumas vezes temporadas inteiras, para mudar nossa mente e nossa direção.

Certa vez, um pai apressado aproximou-se do futuro presidente dos Estados Unidos, James A. Garfield, enquanto ele ainda era presidente de uma escola do ensino médio:

— Existe alguma forma rápida de meu filho completar o colégio em menos de quatro anos? — o pai implorou. — Tempo é dinheiro, e o mundo dos negócios está esperando!

— Tudo depende do que você quer — Garfield sabiamente replicou. — O compensado revestido fica pronto em apenas três meses, mas, se você quiser carvalho puro, isso levará quatro anos.

Você pode fabricar compensados, mas o carvalho você precisa cultivar. Levará um pouco mais de tempo, porém essa é a única forma de ser autêntico, do começo ao fim.

Instruções para a marcha

// ESCRITURAS

O que eu lhes digo na escuridão, falem à luz do dia; o que é sussurrado em seus ouvidos, proclamem dos telhados (Mateus 10.27).

//OBSERVAÇÃO

A questão não é "Deus está falando?". A questão é "Eu estou ouvindo?". Deus pode trovejar, se assim desejar, mas creio que ele prefere sussurrar. Dessa forma, meu coração tem de inclinar-se em direção a ele. Deus fala na escuridão e sussurra em meus ouvidos. Se eu não o ouvir na escuridão, o que direi quando estiver na luz? Se eu não o ouvir sussurrar em meu ouvido, o que proclamarei nos telhados?

//APLICAÇÃO

Oh, que palavra maravilhosa! Ainda a tempo, hoje fui lembrado de que, na oração, não devo apenas falar com Deus; é igualmente importante ouvi-lo! Ele está constantemente dando palavras de instrução para meu casamento, meu ministério e meu futuro. Não posso deixar de inclinar meus ouvidos para ouvir o que ele diz em segredo.

//ORAÇÃO

Querido Jesus, ajuda-me a ouvir-te hoje. Quero estar tranqüilo a fim de ouvir tuas instruções para o meu dia, minha semana, minha vida. Fala, Senhor. O teu servo está ouvindo!

CAPÍTULO

10

A hora da verdade

Quando subir ao trono do seu reino, mandará fazer num rolo, para o seu uso pessoal, uma cópia da lei [...] e terá que lê-la todos os dias da sua vida...[1]

Agora, finalmente, vem a parte interativa. É aqui que começamos a nos expandir e a incluir outras pessoas no processo de estudo bíblico. Entre os cristãos, não há melhor forma de levar o outro a aprofundar a sua fé do que, juntos, fazerem a leitura das Escrituras.

O PROGRAMA 20/20/20

É aí que mergulhamos nas coisas básicas que levam ao desenvolvimento de discípulos genuínos. O termo *20/20* geralmente é usado para fazer referência a uma ótima visão.[2] Para tornar o processo de construir um diário único e fácil de lembrar, criamos a expressão *20/20/20*, que se refere à forma de desenvolver uma visão espiritual superior.

---

[1] Deuteronômio 17.18,19.
[2] Uma "visão 20/20" equivale à capacidade de uma pessoa detectar, a 20 pés (ou 6 metros), algo que alguém de visão normal detecta à mesma distância. No sistema métrico, portanto, a expressão usada é "visão 6/6". [N. do T.]

De modo bem simples, isto é o que você deve fazer:

- Durante vinte minutos, leia uma porção da Palavra de Deus de acordo com o plano de leitura bíblica para aquele dia. Isso é o que leva um leitor médio a concluir toda a leitura indicada.
- Nos vinte minutos seguintes, escolha um versículo ou um trecho das Escrituras que o Espírito Santo tenha destacado para você e registre-o no seu diário, usando o método dos quatro passos [ver o capítulo 7]. Não é hora de discutir teologia. Dos capítulos que você ler, selecione somente uma passagem. Mesmo que muitos versículos atraiam a sua atenção, selecione um único aspecto de determinado tema para o qual o Espírito está chamando a sua atenção. Escreva os seus pensamentos à mão usando a gramática padrão. Não faça isso no estilo de anotações nem de listas com marcadores. Gaste tempo para explicar claramente no que você está meditando. Escrever desse modo ajudará você a ser exato em seu pensamento e claro em sua compreensão.
- Nos vinte minutos finais, na reunião em grupo, leve os componentes a compartilhar, um de cada vez, o que registraram sobre a passagem. Não são permitidas orações nem ofertas. Apenas a leitura do registro. Discuta o que vocês ouviram de um modo simples e encorajador. Enquanto presta atenção aos outros que compartilham seus diários, extraia sua porção de sabedoria e *insight*.

O GRUPO DE VIDA

Encontro semanalmente com quatro grupos quando estou na cidade. (Nós mantemos "Grupos de Vida" com uma audiência que varia entre 2 e 22 pessoas.) Há ocasiões em que faço minhas devocionais sozinho, é claro, mas nada me impede de fazê-las em grupo. Afinal de contas, nos primeiros quarenta minutos, ninguém fala nada! Apenas prestamos atenção a quem Deus está usando na Bíblia para nos instruir. As pessoas lêem durante vinte minutos e, então, escrevem no diário durante outros vinte minutos, assim tudo é feito num ambiente *muito calmo e silencioso*. Você sempre faz sua leitura e seu diário em silêncio, assim, na verdade, durante essa parte do tempo você ainda estará sozinho com o Senhor.

Somente nos últimos vinte minutos é que se ouve alguém do grupo falar. (Nos outros quarenta minutos, as vozes vêm da Palavra.) Então, você tem a recompensa de compartilhar o que ouviu de Deus e revelar aos outros participantes do grupo o que ele lhe mostrou. É simplesmente maravilhoso!

No passado, quando as pessoas me pediam que as mentoreasse, geralmente eu dizia: "Perdoe-me, mas realmente não tenho tempo". As coisas mudaram. Hoje, quando alguém me convida para ser seu mentor, tenho uma resposta muito diferente:

— Com certeza!

— *Sério*? Quando?

— Seis e meia da manhã. No café da esquina, às segundas-feiras; na sala de conferência, às terças-feiras; aqui mesmo, às quartas; e no café, às quintas. Escolha o seu dia. Apenas tenha em mãos cinco coisas: Bíblia, caneta, diário, plano de leitura bíblica e agenda de compromissos. Seis e meia em ponto. E lembre-se: 6h30 da manhã, e não da tarde.

Eu sempre preciso acrescentar "da manhã, e não da tarde", porque, certa vez, eu e minha esposa estávamos a caminho para o jantar e, quando passamos em um café perto de casa, um jovem aluno do instituto bíblico me fez um sinal para parar e disse com excitação:

— É aqui, certo?

— Aqui o quê? — perguntei.

— O grupo de vida! Eu trouxe as cinco coisas.

Sorri e pedi a ele que retornasse na próxima segunda-feira, às 6h30 da manhã (não da tarde). Gentilmente, eu o adverti e disse que ele não estava atrasado — estava apenas uma semana adiantado.

UM ANFITRIÃO PARA DISCIPULAR

Se você contasse todas as pessoas que venho discipulando dessa forma ao longo de uma semana, chegaria ao total de 82. E o melhor nisso tudo é que eu tenho feito isso por duas décadas. Nós já fundamos quase uma centena de igrejas, a uma média de 600 pessoas em cada uma, e *todas elas iniciaram com grupos de vida*. Não preparo nada com antecedência, exceto o meu coração.

O Espírito Santo sempre será nosso instrutor especial. Eu apenas facilito o encontro. Meu objetivo não é clonar a mim mesmo. Não quero que as pessoas, necessariamente, se tornem parecidas comigo. Apenas quero que bebam na mesma Fonte que eu bebo; então, elas se tornarão quem Deus deseja que elas sejam.

Não temos nenhum interesse em copiar uns aos outros. Ensino as pessoas a sentar aos pés de Jesus e a ouvir a voz do Senhor por si mesmas. Fazer isso mudará a sua vida, caro leitor, da mesma forma que mudou a vida dessas pessoas.

Aqui está parte de uma carta que recebi recentemente:

> *Caro Wayne:*
> *Você falou em uma conferência na nossa cidade quase três anos atrás. Naquela oportunidade, você apresentou o* Diário de vida. *Eu comecei um* Diário de vida *aqui no meu quarto de hotel. Não perdi praticamente nenhum dia nesses três anos. Temos agora muitas pessoas em nossa igreja que também estão usando o diário e gostando disso tanto quanto eu. Isso mudou a minha vida. Atuo como pastor há vinte e três anos e sempre me faltou disciplina. O seu encorajamento mudou literalmente a minha vida. As pessoas comentam que agora sou um pastor muito mais sensato e que minha pregação está muito melhor, e a maioria delas sabe que é por causa do diário.*

ESCOLHA UM LOCAL PÚBLICO

Geralmente nos encontramos em locais públicos, como uma cafeteria ou um pequeno restaurante. Quando algumas pessoas ouvem isso, perguntam: "Por que fazer a reunião em uma cafeteria? As pessoas não acabam se distraindo?".

Na verdade, em minha experiência, isso não acontece. Sempre que possível, eu me reúno com pequenos grupos em público não para aparecer, mas porque é sempre mais fácil desenvolver um bom hábito vinculando-o a alguma coisa que você já aprecia. Dessa maneira o hábito se desenvolve muito mais rapidamente.

Provavelmente, você já sabe por que eu gosto de reuniões em cafeterias. Eu confesso: sou viciado em café. Quando tomo uma boa xícara de café acompanhada de um biscoito, fico eufórico. E, quando acrescento a isso minha leitura bíblica, é o paraíso absoluto. (Morar no Havaí também não é nada mal.)

Há outra razão, porém, pela qual eu gosto de fazer as devocionais em grupo em locais públicos. Pense em quantas pessoas passam por nós enquanto esperam o seu café-da-manhã. Muitas delas certamente notarão cinco ou seis pessoas com suas Bíblias abertas, fazendo registros em diários. Nosso local de encontro favorito em geral está sempre lotado; aproximadamente uma centena de pessoas passará por nós em uma hora.

Agora, vamos fazer os cálculos. Quatro dias por semana, 100 pessoas por dia, são 400 pessoas, semanalmente, passando por nosso grupo, notando Bíblias abertas e discípulos interessados. Em quatro semanas, 1.600 pessoas terão contato com nosso testemunho 20/20/20.

Em um ano, quase 21.000 pessoas! OK, vamos descontar os clientes fiéis, que retornam durante esse período.

Mas aqui está a questão mais importante: quantos desses milhares de passantes verão as Bíblias abertas — e a quantos deles Deus gentilmente falará? As pessoas que estão enfrentando dificuldades no seu casamento podem pensar consigo mesmas: "Se eu tivesse feito o mesmo, talvez eu não estivesse tão encrencado como estou agora". Para outros que estejam passando por dificuldades financeiras ou que estejam afundados "na lama", Deus pode usar a nossa experiência com a finalidade de atraí-los gentilmente para o seu coração.

Milhares e milhares de oportunidades para Cristo.

Você pode imaginar algo melhor do que buscar silenciosamente a face de Cristo? Milhares e milhares de sementes para colheita são plantadas à medida que você se coloca diante de mentores segundo o coração de Deus que lhe contarão suas histórias e lições de vida.

Assim como Maria, sentada aos pés do Senhor e ouvindo a sua Palavra, seu compromisso diário pode permitir que Deus use seu pequeno grupo para tocar a vida de incontáveis almas.

E não é só isso. Se você somar todos os "grupos de vida" da igreja, terá um resultado incrível. *Podemos alcançar a nossa cidade experimentando um reavivamento da Palavra de Deus!*

Desenvolva o hábito de reunir-se com outras pessoas para fazer suas devocionais, de preferência em um local público apropriado. Você ficará surpreso com o impacto de longo alcance que isso pode causar.

QUÃO GRANDE PODE SER?

Algumas pessoas perguntam: — O que você faz quando tem mais de cinco ou seis pessoas? É possível ter um grupo de vida com 20 participantes? E se o grupo for assim grande, como todos compartilharão seus diários em apenas vinte minutos?

Quando você tiver um grupo com mais de cinco ou seis participantes, faça o compartilhamento em grupos menores — de três ou quatro participantes. É bem menos intimidante. Se você estiver em um grupo de três e alguém compartilhar um registro que envolva teologia e que se mostre equivocado, você terá de corrigi-lo amorosamente. E é bem provável que isso não seja tão traumático quanto se vocês estivessem, digamos, em um grupo de 20 pessoas.

"Assim como o ferro afia o ferro, o homem afia o seu companheiro".[3] Faço questão de encorajar constantemente jovens cristãos no grupo. Aproveito também as oportunidades para aplaudir, quando o aplauso é conveniente, e para corrigir, quando a correção é necessária!

Pares que aprenderam a corrigir e a encorajar-se mutuamente criam uma atmosfera agradável. Aprecio muito a passagem de Romanos 15.14, que diz: "Eu mesmo estou convencido de que vocês estão cheios de bondade e plenamente instruídos, sendo capazes de aconselhar-se uns aos outros". Esses grupos de vida nos concedem o privilégio de sermos capazes de trocar idéias e admoestações sem nos destruir uns aos outros.

DEIXE O GRUPO CRESCER NATURALMENTE

Sempre apreciei Oregon, no verão. (No inverno, é outra história.) Dirigir minha motocicleta pela McKenzie Pass nunca falhou em alegrar a minha alma. A essência dos cedros que me recebem pelas estradas sinuosas e as vistas intermitentes do poderoso McKenzie fazem com que minha visão dianteira se transforme em uma tela de cinema que retrata as verdes florestas do Oregon Central.

Uma das mais belas vistas entre todas são as montanhas enfeitadas com respingos de flores selvagens. Nenhum padrão rígido. Nenhuma plantação formalizada. Nenhuma espécie categorizada. A beleza está no verde totalmente salpicado de cores pastéis coreografadas pela natureza.

[3] Provérbios 27.17.

Definindo "Promoção"

// ESCRITURAS

Não é do oriente nem do ocidente nem do deserto que vem a exaltação [promoção]. É Deus quem julga: Humilha a um, a outro exalta (Salmos 75.6,7).

//OBSERVAÇÃO

Promoção. Uma linda palavra para os ouvidos de muita gente porque significa mais... Bem, você preenche a lacuna — mais carros, mais roupas, mais coisas! A lacuna geralmente não é preenchida com mais responsabilidade ou mais trabalho.

Tendemos a pensar que qualquer coisa que traga mais dinheiro nos trará também mais felicidade, satisfação e alegria. É aí, porém, que começa o mito. Uma promoção, se não for avaliada corretamente, pode na verdade acabar roubando meu tempo, minha família, minhas atividades ministeriais e até meu futuro. Pode exigir mais tempo fora de casa ou menos tempo com Deus.

Uma definição correta para a palavra promoção seria "um passo mais perto de cumprir meu chamado" ou "tornar-me mais capaz de usar meus dons efetivamente".

//APLICAÇÃO

Não se engane em achar que todas as "oportunidades" vêm de Deus. Se é apenas mais dinheiro o que você procura, então o Diabo pode atender você. (Pense nas "promoções" que ele ofereceu a Jesus — veja Lucas 4.) Se a promoção significa um passo para mais distante daquilo que é mais valioso em sua vida — mesmo que venha acompanhado por 1 milhão de dólares — não a aceite!

No entanto, o Senhor verdadeiramente nos dá promoções. Suas promoções nos levam para mais perto dele, mesmo quando não há nenhum dinheiro envolvido. O elemento mais importante na promoção divina são as bênçãos celestiais que a acompanham. Nada mais importa, porque ela nos tornará ricos de uma forma que o dinheiro nunca poderá nos tornar.

//ORAÇÃO

Obrigado, Senhor, por sempre me ajudares a definir as coisas corretamente. De outra forma, eu poderia considerar qualquer coisa que me desse mais dinheiro como vinda "do Senhor". Tu disseste que toda planta que não tivesse sido plantada por ti seria arrancada pelas raízes (Mateus 15.13). Por favor, ajuda-me a ter certeza de que qualquer coisa que eu venha a receber não tenha sido plantada por ninguém mais além de ti!

Os grupos de vida são assim. Eles me fazem lembrar a florada cobrindo o chão, da folhagem rente ao solo que pinta os penhascos e das imperfeições do campo, com toda a suavidade de sua graça. O Senhor as espalha como a poeira estelar até que as montanhas fiquem completamente salpicadas com cores da primavera.

Durante uma estação, algumas alcançarão sucesso, enquanto outras abrirão caminho para o subterrâneo. Belezas encobertas, repousando logo abaixo da superfície, explodirão nos raios de sol conforme a chuva fresca as convidar a levantar-se.

SINALIZANDO O FINAL DE UMA FOME

Como vimos, o profeta Amós falou de uma fome iminente que cobriria a terra: "... não fome de comida nem sede de água, mas fome e sede de ouvir as palavras do SENHOR".[4]

É tempo de acabarmos com essa fome e, em muitos lugares, isso já começou a acontecer. Denominações inteiras começaram a adotar a abordagem dos grupos de vida. Por exemplo, alguns líderes das igrejas metodistas unidas e do Exército de Salvação se juntaram à luta contra a fome. Batistas, wesleyanos, carismáticos e luteranos estão fazendo o mesmo. É tempo de a igreja levantar-se em todo o seu esplendor.

Então vamos deixá-la crescer como as flores selvagens! É então que o esplendor será visto.

DESENVOLVA UMA CULTURA

Em nosso último livro, *Culture Shift* [Mudança cultural],[5] falamos sobre cada igreja ter uma cultura. Talvez não seja a

---

[4] Amós 8.11.
[5] Robert LEWIS, Wayne CORDEIRO e Warren BIRD. *Culture Shift: Transforming Your Church From the Inside Out.* San Francisco: Jossey-Bass, 2005.

cultura que nós desejamos, mas cada igreja tem a sua cultura. A fim de desenvolver o ambiente certo, a cultura precisa primeiro ser identificada e compreendida.

Logo de início, na New Hope, decidimos que uma das marcas distintivas de nossa cultura seria uma devocional constante com Deus e sua Palavra. Isso se tornou um dos mais fortes princípios da New Hope em nossos breves anos de história.

Quando você tornar as devocionais diárias em grupo um hábito, ficará surpreso em ver como sua cultura se fortalecerá rapidamente. E a idade não importa! Até mesmo os alunos do ensino fundamental estão fazendo isso com um *Diário das crianças* paralelo; e nossos alunos do ensino médio estão fazendo isso com o *Diário dos primeiros passos*.

Quando você reúne pessoas de várias idades para ler a Palavra e preparar um diário, logo começa a desenvolver uma poderosa cultura que se torna uma espécie de megafone silencioso, imprevisível, mas inequivocamente presente.

Meu objetivo é continuar a desenvolver uma cultura de devocionais constantes com Deus e sua Palavra e cultivá-las até que elas se tornem sistêmicas para toda a igreja.

Certifique-se de entender um aspecto de suma importância: fazer as devocionais não é um programa! É uma cultura, um ambiente, um DNA compartilhado. Fazer os diários começa com os líderes. Quando os líderes desenvolvem um hábito, a cultura logo os segue, e dentro dessa cultura os mais jovens começam a crescer.

Transforme isso em um valor central. Saiba que nada se torna um valor até que você dedique tempo, esforço e dinheiro a esse fim. Você precisa investir. Será a maior aventura que você fará em seu crescimento e desenvolvimento. Gaste o tempo necessário para desenvolver um sistema diário de atuação de mentores que ajam sob o poder do Espírito Santo.

ENCONTRANDO O SEU OÁSIS

Lembro-me de quando eu era um jovem pai tendo dois bebês que ainda usavam fraldas. Simplesmente eu não podia escapar para fazer minhas devocionais a cada manhã, deixando as crianças aos berros com a mãe. Minha experiência pessoal e conseqüências passadas alertaram-me contra isso. Eu precisava de outra opção.

Eu pedia quarenta e cinco minutos livres para minha esposa e entrava no meu carro. O automóvel se tornou um verdadeiro refúgio e oásis para mim. Era confortável, eu podia ouvir uma música suave no rádio e podia até mesmo ligar o ar-condicionado, se estivesse calor lá fora. Decidi que cultivar minhas raízes era a minha maior prioridade.

Conclusão: encontre uma forma que funcione para você. É lógico que, se você for um gigante espiritual como foi Susanna Wesley, pode simplesmente colocar um avental na cabeça (como ela fazia) e esquecer o mundo durante alguns momentos a sós com o Senhor!

Se você ainda não começou, esta é a hora de começar. Mãos à obra!

1. Encontre a leitura de hoje na agenda seguinte.
2. Leia as passagens e descubra aquela que fala diretamente ao seu coração.
3. Siga o método dos quatro passos. Veja um exemplo de página do diário no final deste capítulo e cópias adicionais a partir da página 245.

Diário de vida[1]
Plano de leitura diário da Bíblia

Sua agenda pessoal de leitura guiará você através da Bíblia inteira durante um ano.

JANEIRO
1 ☐ Gênesis 1 e 2; Lucas 1
2 ☐ Gênesis 3—5; Lucas 2
3 ☐ Gênesis 6—8; Lucas 3
4 ☐ Gênesis 9—11; Lucas 4
5 ☐ Gênesis 12—14; Lucas 5
6 ☐ Gênesis 15—17; Lucas 6
7 ☐ Gênesis 18 e 19; Salmos 3; Lucas 7
8 ☐ Gênesis 20—22; Lucas 8
9 ☐ Gênesis 23 e 24; Lucas 9
10 ☐ Gênesis 25 e 26; Salmos 6; Lucas 10
11 ☐ Gênesis 27 e 28; Salmos 4; Lucas 11
12 ☐ Gênesis 29 e 30; Lucas 12
13 ☐ Gênesis 31—33; Lucas 13
14 ☐ Gênesis 34—36; Lucas 14
15 ☐ Gênesis 37 e 38; Salmos 7; Lucas 15
16 ☐ Gênesis 39—41; Lucas 16
17 ☐ Gênesis 42 e 43; Salmos 5; Lucas 17
18 ☐ Gênesis 44—46; Lucas 18
19 ☐ Gênesis 47 e 48; Salmos 10; Lucas 19
20 ☐ Gênesis 49 e 50; Salmos 8; Lucas 20
21 ☐ Êxodo 1 e 2; Salmos 88; Lucas 21
22 ☐ Êxodo 3—5; Lucas 22
23 ☐ Êxodo 6—8; Lucas 23
24 ☐ Êxodo 9—11; Lucas 24
25 ☐ Êxodo 12 e 13; Salmos 21; Atos 1
26 ☐ Êxodo 14—16; Atos 2
27 ☐ Êxodo 17—20; Atos 3
28 ☐ Êxodo 21 e 22; Salmos 12; Atos 4
29 ☐ Êxodo 23 e 24; Salmos 14; Atos 5
30 ☐ Êxodo 25—27; Atos 6
31 ☐ Êxodo 28 e 29; Atos 7

FEVEREIRO
1 ☐ Êxodo 30—32; Atos 8
2 ☐ Êxodo 33 e 34; Salmos 16; Atos 9
3 ☐ Êxodo 35 e 36; Atos 10
4 ☐ Êxodo 37 e 38; Salmos 19; Atos 11
5 ☐ Êxodo 39 e 40; Salmos 15; Atos 12
6 ☐ Levítico 1—3; Atos 13
7 ☐ Levítico 4—6; Atos 14
8 ☐ Levítico 7—9; Atos 15
9 ☐ Levítico 10—12; Atos 16
10 ☐ Levítico 13 e 14; Atos 17
11 ☐ Levítico 15—17; Atos 18
12 ☐ Levítico 18 e 19; Salmos 13; Atos 19

---

[1] *Life Diary.* Oregon: Life Diary Resources.

13 ☐ Levítico 20—22; Atos 20
14 ☐ Levítico 23 e 24; Salmos 24;
   Atos 21
15 ☐ Levítico 25; Salmos 25 e 26;
   Atos 22
16 ☐ Levítico 26 e 27; Atos 23
17 ☐ Números 1 e 2; Atos 24
18 ☐ Números 3 e 4; Atos 25
19 ☐ Números 5 e 6; Salmos 22;
   Atos 26
20 ☐ Números 7; Salmos 23; Atos 27
21 ☐ Números 8 e 9; Atos 28
22 ☐ Números 10 e 11; Salmos 27;
   Marcos 1
23 ☐ Números 12 e 13; Salmos 90;
   Marcos 2
24 ☐ Números 14—16; Marcos 3
25 ☐ Números 17 e 18; Salmos 29;
   Marcos 4
26 ☐ Números 19 e 20; Salmos 28;
   Marcos 5
27 ☐ Números 21—23; Marcos 6 e 7
28 ☐ Números 24—27;
   1Coríntios 13

MARÇO

1 ☐ Números 28 e 29; Marcos 8
2 ☐ Números 30 e 31; Marcos 9
3 ☐ Números 32 e 33; Marcos 10
4 ☐ Números 34—36; Marcos 11
5 ☐ Deuteronômio 1 e 2; Marcos 12
6 ☐ Deuteronômio 3 e 4; Salmos 36;
   Marcos 13
7 ☐ Deuteronômio 5 e 6; Salmos 43;
   Marcos 14
8 ☐ Deuteronômio 7—9; Marcos 15
9 ☐ Deuteronômio 10—12;
   Marcos 16

10 ☐ Deuteronômio 13—15; Gálatas 1
11 ☐ Deuteronômio 16—18;
   Salmos 38; Gálatas 2
12 ☐ Deuteronômio 19—21; Gálatas 3
13 ☐ Deuteronômio 22—24; Gálatas 4
14 ☐ Deuteronômio 25—27; Gálatas 5
15 ☐ Deuteronômio 28 e 29; Gálatas 6
16 ☐ Deuteronômio 30 e 31;
   Salmos 40; 1Coríntios 1
17 ☐ Deuteronômio 32—34;
   1Coríntios 2
18 ☐ Josué 1 e 2; Salmos 37;
   1Coríntios 3
19 ☐ Josué 3—6; 1Coríntios 4
20 ☐ Josué 7 e 8; Salmos 69;
   1Coríntios 5
21 ☐ Josué 9—11; 1Coríntios 6
22 ☐ Josué 12—14; 1Coríntios 7
23 ☐ Josué 15—17; 1Coríntios 8
24 ☐ Josué 18—20; 1Coríntios 9
25 ☐ Josué 21 e 22; Salmos 47;
   1Coríntios 10
26 ☐ Josué 23 e 24; Salmos 44;
   1Coríntios 11
27 ☐ Juízes 1—3; 1Coríntios 12
28 ☐ Juízes 4 e 5; Salmos 39,41;
   1Coríntios 13
29 ☐ Juízes 6 e 7; Salmos 52;
   1Coríntios 14
30 ☐ Juízes 8; Salmos 42; 1Coríntios 15
31 ☐ Juízes 9 e 10; Salmos 49;
   1Coríntios 16

ABRIL

1 ☐ Juízes 11 e 12; Salmos 50;
   2Coríntios 1
2 ☐ Juízes 13—16; 2Coríntios 2

3 ☐ Juízes 17 e 18; Salmos 89; 2Coríntios 3
4 ☐ Juízes 19—21; 2Coríntios 4
5 ☐ Rute 1 e 2; Salmos 53,61; 2Coríntios 5
6 ☐ Rute 3 e 4; Salmos 64 e 65; 2Coríntios 6
7 ☐ 1Samuel 1 e 2; Salmos 66; 2Coríntios 7
8 ☐ 1Samuel 3—5; Salmos 77; 2Coríntios 8
9 ☐ 1Samuel 6 e 7; Salmos 72; 2Coríntios 9
10 ☐ 1Samuel 8—10; 2Coríntios 10
11 ☐ 1Samuel 11 e 12; 1Crônicas 1; 2Coríntios 11
12 ☐ 1Samuel 13; 1Crônicas 2 e 3; 2Coríntios 12
13 ☐ 1Samuel 14; 1Crônicas 4; 2Coríntios 13
14 ☐ 1Samuel 15 e 16; 1Crônicas 5; Mateus 1
15 ☐ 1Samuel 17; Salmos 9; Mateus 2
16 ☐ 1Samuel 18; 1Crônicas 6; Salmos 11; Mateus 3
17 ☐ 1Samuel 19; 1Crônicas 7; Salmos 59; Mateus 4
18 ☐ 1Samuel 20 e 21; Salmos 34; Mateus 5
19 ☐ 1Samuel 22; Salmos 17,35; Mateus 6
20 ☐ 1Samuel 23; Salmos 31,54; Mateus 7
21 ☐ 1Samuel 24; Salmos 57 e 58; 1Crônicas 8; Mateus 8
22 ☐ 1Samuel 25 e 26; Salmos 63; Mateus 9
23 ☐ 1Samuel 27; Salmos 141; 1Crônicas 9; Mateus 10
24 ☐ 1Samuel 28 e 29; Salmos 109; Mateus 11
25 ☐ 1Samuel 30 e 31; 1Crônicas 10; Mateus 12
26 ☐ 2Samuel 1; Salmos 140; Mateus 13
27 ☐ 2Samuel 2; 1Crônicas 11; Salmos 142; Mateus 14
28 ☐ 2Samuel 3; 1Crônicas 12; Mateus 15
29 ☐ 2Samuel 4 e 5; Salmos 139; Mateus 16
30 ☐ 2Samuel 6; 1Crônicas 13; Salmos 68; Mateus 17

MAIO

1 ☐ 1Crônicas 14 e 15; Salmos 132; Mateus 18
2 ☐ 1Crônicas 16; Salmos 106; Mateus 19
3 ☐ 2Samuel 7; 1Crônicas 17; Salmos 2; Mateus 20
4 ☐ 2Samuel 8 e 9; 1Crônicas 18 e 19; Mateus 21
5 ☐ 2Samuel 10; 1Crônicas 20; Salmos 20; Mateus 22
6 ☐ 2Samuel 11 e 12; Salmos 51; Mateus 23
7 ☐ 2Samuel 13 e 14; Mateus 24
8 ☐ 2Samuel 15 e 16; Salmos 32; Mateus 25
9 ☐ 2Samuel 17; Salmos 71; Mateus 26
10 ☐ 2Samuel 18; Salmos 56; Mateus 27

11 ☐ 2Samuel 19 e 20; Salmos 55; Mateus 28
12 ☐ 2Samuel 21—23; 1Tessalonicenses 1
13 ☐ 2Samuel 24; 1Crônicas 21; Salmos 30; 1Tessalonicenses 2
14 ☐ 1Crônicas 22—24; 1Tessalonicenses 3
15 ☐ 1Crônicas 25—27; 1Tessalonicenses 4
16 ☐ 1Reis 1; 1Crônicas 28; Salmos 91; 1Tessalonicenses 5
17 ☐ 1Reis 2; 1Crônicas 29; Salmos 95; 2Tessalonicenses 1
18 ☐ 1Reis 3; 2Crônicas 1; Salmos 78; 2Tessalonicenses 2
19 ☐ 1Reis 4 e 5; 2Crônicas 2; Salmos 101; 2Tessalonicenses 3
20 ☐ 1Reis 6; 2Crônicas 3; Salmos 97; Romanos 1
21 ☐ 1Reis 7; 2Crônicas 4; Salmos 98; Romanos 2
22 ☐ 1Reis 8; 2Crônicas 5; Salmos 99; Romanos 3
23 ☐ 2Crônicas 6 e 7; Salmos 135; Romanos 4
24 ☐ 1Reis 9; 2Crônicas 8; Salmos 136; Romanos 5
25 ☐ 1Reis 10 e 11; 2Crônicas 9; Romanos 6
26 ☐ Provérbios 1—3; Romanos 7
27 ☐ Provérbios 4—6; Romanos 8
28 ☐ Provérbios 7—9; Romanos 9
29 ☐ Provérbios 10—12; Romanos 10
30 ☐ Provérbios 13—15; Romanos 11
31 ☐ Provérbios 16—18; Romanos 12

JUNHO

1 ☐ Provérbios 19—21; Romanos 13
2 ☐ Provérbios 22—24; Romanos 14
3 ☐ Provérbios 25—27; Romanos 15
4 ☐ Provérbios 28—29; Salmos 60; Romanos 16
5 ☐ Provérbios 30 e 31; Salmos 33; Efésios 1
6 ☐ Eclesiastes 1—3; Salmos 45; Efésios 2
7 ☐ Eclesiastes 4—6; Salmos 18; Efésios 3
8 ☐ Eclesiastes 7—9; Efésios 4
9 ☐ Eclesiastes 10—12; Salmos 94; Efésios 5
10 ☐ Cântico dos Cânticos 1—4; Efésios 6
11 ☐ Cântico dos Cânticos 5—8; Filipenses 1
12 ☐ 1Reis 12; 2Crônicas 10 e 11; Filipenses 2
13 ☐ 1Reis 13 e 14; 2Crônicas 12; Filipenses 3
14 ☐ 1Reis 15; 2Crônicas 13 e 14; Filipenses 4
15 ☐ 1Reis 16; 2Crônicas 15 e 16; Colossenses 1
16 ☐ 1Reis 17—19; Colossenses 2
17 ☐ 1Reis 20 e 21; 2Crônicas 17; Colossenses 3
18 ☐ 1Reis 22; 2Crônicas 18 e 19; Colossenses 4
19 ☐ 2Reis 1—3; Salmos 82; 1Timóteo 1

20 ☐ 2Reis 4 e 5; Salmos 83;
1Timóteo 2
21 ☐ 2Reis 6 e 7; 2Crônicas 20;
1Timóteo 3
22 ☐ 2Reis 8 e 9; 2Crônicas 21;
1Timóteo 4
23 ☐ 2Reis 10; 2Crônicas 22 e 23;
1Timóteo 5
24 ☐ 2Reis 11 e 12; 2Crônicas 24;
1Timóteo 6
25 ☐ Joel 1—3; 2Timóteo 1
26 ☐ Jonas 1—4; 2Timóteo 2
27 ☐ 2Reis 13 e 14; 2Crônicas 25;
2Timóteo 3
28 ☐ Amós 1—3; Salmos 80;
2Timóteo 4
29 ☐ Amós 4—6; Salmos 86 e 87;
Tito 1
30 ☐ Amós 7—9; Salmos 104; Tito 2

JULHO
1 ☐ Isaías 1—3; Tito 3
2 ☐ Isaías 4 e 5; Salmos 115 e 116;
Judas
3 ☐ Isaías 6 e 7; 2Crônicas 26 e 27;
Filemom
4 ☐ 2Reis 15 e 16; Oséias 1;
Hebreus 1
5 ☐ Oséias 2—5; Hebreus 2
6 ☐ Oséias 6—9; Hebreus 3
7 ☐ Oséias 10—12; Salmos 73;
Hebreus 4
8 ☐ Oséias 13 e 14; Salmos 100,102;
Hebreus 5
9 ☐ Miquéias 1—4; Hebreus 6
10 ☐ Miquéias 5—7; Hebreus 7
11 ☐ Isaías 8—10; Hebreus 8

12 ☐ Isaías 11—14; Hebreus 9
13 ☐ Isaías 15—18; Hebreus 10
14 ☐ Isaías 19—21; Hebreus 11
15 ☐ Isaías 22—24; Hebreus 12
16 ☐ Isaías 25—28; Hebreus 13
17 ☐ Isaías 29—31; Tiago 1
18 ☐ Isaías 32—35; Tiago 2
19 ☐ 2Reis 17; 2Crônicas 28;
Salmos 46; Tiago 3
20 ☐ 2Crônicas 29—31; Tiago. 4
21 ☐ 2Reis 18 e 19; 2Crônicas 32;
Tiago 5
22 ☐ Isaías 36 e 37; Salmos 76;
1Pedro 1
23 ☐ 2Reis 20; Isaías 38 e 39;
Salmos 75; 1Pedro 2
24 ☐ Isaías 40—42; 1Pedro 3
25 ☐ Isaías 43—45; 1Pedro 4
26 ☐ Isaías 46—49; 1Pedro 5
27 ☐ Isaías 50—52; Salmos 92;
2Pedro 1
28 ☐ Isaías 53—56; 2Pedro 2
29 ☐ Isaías 57—59; Salmos 103;
2Pedro 3
30 ☐ Isaías 60—62; João 1
31 ☐ Isaías 63 e 64; Salmos 107;
João 2

AGOSTO
1 ☐ Isaías 65 e 66; Salmos 62; João 3
2 ☐ 2Reis 21; 2Crônicas 33; João 4
3 ☐ Naum 1—3; João 5
4 ☐ 2Reis 22; 2Crônicas 34; João 6
5 ☐ 2Reis 23; 2Crônicas 35; João 7
6 ☐ Habacuque 1—3; João 8
7 ☐ Sofonias 1—3; João 9
8 ☐ Jeremias 1 e 2; João 10

9 ☐ Jeremias 3 e 4; João 11
10 ☐ Jeremias 5 e 6; João 12
11 ☐ Jeremias 7—9; João 13
12 ☐ Jeremias 10—12; João 14
13 ☐ Jeremias 13—15; João 15
14 ☐ Jeremias 16 e 17; Salmos 96; João 16
15 ☐ Jeremias 18—20; Salmos 93; João 17
16 ☐ 2Reis 24; Jeremias 22; Salmo 112; João 18
17 ☐ Jeremias 23,25; João 19
18 ☐ Jeremias 26,35 e 36; João 20
19 ☐ Jeremias 45—47; Salmos 105; João 21
20 ☐ Jeremias 48 e 49; Salmos 67; 1João 1
21 ☐ Jeremias 21,24,27; Salmos 118; 1João 2
22 ☐ Jeremias 28—30; 1João 3
23 ☐ Jeremias 31 e 32; 1João 4
24 ☐ Jeremias 33 e 34; Salmos 74; 1João 5
25 ☐ Jeremias 37—39; Salmos 79; 2João
26 ☐ Jeremias 50 e 51; 3João
27 ☐ Jeremias 52; Apocalipse 1; Salmos 143 e 144
28 ☐ Ezequiel 1—3; Apocalipse 2
29 ☐ Ezequiel 4—7; Apocalipse 3
30 ☐ Ezequiel 8—11; Apocalipse 4
31 ☐ Ezequiel 12—14; Apocalipse 5

SETEMBRO
1 ☐ Ezequiel 15 e 16; Salmos 70; Apocalipse 6
2 ☐ Ezequiel 17—19; Apocalipse 7
3 ☐ Ezequiel 20 e 21; Salmos 111; Apocalipse 8
4 ☐ Ezequiel 22—24; Apocalipse 9
5 ☐ Ezequiel 25—28; Apocalipse 10
6 ☐ Ezequiel 29—32; Apocalipse 11
7 ☐ 2Reis 25; 2Crônicas 36; Jeremias 40 e 41; Apocalipse 12
8 ☐ Jeremias 42—44; Salmos 48; Apocalipse 13
9 ☐ Lamentações 1 e 2; Obadias; Apocalipse 14
10 ☐ Lamentações 3—5; Apocalipse 15
11 ☐ Daniel 1 e 2; Apocalipse 16
12 ☐ Daniel 3 e 4; Salmos 81; Apocalipse 17
13 ☐ Ezequiel 33—35; Apocalipse 18
14 ☐ Ezequiel 36 e 37; Salmos 110; Apocalipse 19
15 ☐ Ezequiel 38 e 39; Salmos 145; Apocalipse 20
16 ☐ Ezequiel 40 e 41; Salmos 128; Apocalipse 21
17 ☐ Ezequiel 42—44; Apocalipse 22
18 ☐ Ezequiel 45 e 46; Lucas 1
19 ☐ Ezequiel 47 e 48; Lucas 2
20 ☐ Daniel 5 e 6; Salmos 130; Lucas 3
21 ☐ Daniel 7 e 8; Salmos 137; Lucas 4
22 ☐ Daniel 9 e 10; Salmos 123; Lucas 5
23 ☐ Daniel 11 e 12; Lucas 6
24 ☐ Esdras 1; Salmos 84 e 85; Lucas 7
25 ☐ Esdras 2 e 3; Lucas 8
26 ☐ Esdras 4; Salmos 113,127; Lucas 9
27 ☐ Ageu 1 e 2; Salmos 129; Lucas 10

28 ☐ Zacarias 1—3; Lucas 11
29 ☐ Zacarias 4—6; Lucas 12
30 ☐ Zacarias 7—9; Lucas 13

OUTUBRO
1 ☐ Zacarias 10—12; Salmos 126; Lucas 14
2 ☐ Zacarias 13 e 14; Salmos 147; Lucas 15
3 ☐ Esdras 5 e 6; Salmos 138; Lucas 16
4 ☐ Ester 1 e 2; Salmos 150; Lucas 17
5 ☐ Ester 3—8; Lucas 18
6 ☐ Ester 9—10; Lucas 19
7 ☐ Esdras 7 e 8; Lucas 20
8 ☐ Esdras 9 e 10; Salmos 131; Lucas 21
9 ☐ Neemias 1 e 2; Salmos 133 e 134; Lucas 22
10 ☐ Neemias 3 e 4; Lucas 23
11 ☐ Neemias 5 e 6; Salmos 146; Lucas 24
12 ☐ Neemias 7 e 8; Atos 1
13 ☐ Neemias 9 e 10; Atos 2
14 ☐ Neemias 11 e 12; Salmos 1; Atos 3
15 ☐ Neemias 13; Malaquias 1 e 2; Atos 4
16 ☐ Malaquias 3 e 4; Salmos 148; Atos 5
17 ☐ Jó 1 e 2; Atos 6 e 7
18 ☐ Jó 3 e 4; Atos 8 e 9
19 ☐ Jó 5; Salmos 108; Atos 10 e 11
20 ☐ Jó 6—8; Atos 12
21 ☐ Jó 9 e 910; Atos 13 e 14
22 ☐ Jó 11 e 12; Atos 15 e 16
23 ☐ Jó 13 e 14; Atos 17 e 18
24 ☐ Jó 15; Atos 19 e 20
25 ☐ Jó 16; Atos 21—23
26 ☐ Jó 17; Atos 24—26
27 ☐ Jó 18; Salmos 114; Atos 27 e 28
28 ☐ Jó 19; Marcos 1 e 2
29 ☐ Jó 20; Marcos 3 e 4
30 ☐ Jó 21; Marcos 5 e 6
31 ☐ Jó 22; Marcos 7 e 8

NOVEMBRO
1 ☐ Salmos 121; Marcos 9 e 10
2 ☐ Jó 23 e 24; Marcos 11 e 12
3 ☐ Jó 25; Marcos 13 e 14
4 ☐ Jó 26 e 27; Marcos 15 e 16
5 ☐ Jó 28 e 29; Gálatas 1 e 2
6 ☐ Jó 30; Salmos 120; Gálatas 3 e 4
7 ☐ Jó 31 e 32; Gálatas 5 e 6
8 ☐ Jó 33; 1Coríntios 1—3
9 ☐ Jó 34; 1Coríntios 4—6
10 ☐ Jó 35 e 36; 1Coríntios 7 e 8
11 ☐ Salmos 122; 1Coríntios 9—11
12 ☐ Jó 37 e 38; 1Coríntios 12
13 ☐ Jó 39 e 40; 1Coríntios 13 e 14
14 ☐ Salmos 149; 1Coríntios 15 e 16
15 ☐ Jó 41 e 42; 2Coríntios 1 e 2
16 ☐ 2Coríntios 3—6
17 ☐ 2Coríntios 7—10
18 ☐ Salmos 124; 2Coríntios 11—13
19 ☐ Mateus 1—4
20 ☐ Mateus 5—7
21 ☐ Mateus 8—10
22 ☐ Mateus 11—13
23 ☐ Mateus 14—16
24 ☐ Mateus 17—19
25 ☐ Mateus 20—22
26 ☐ Mateus 23—25
27 ☐ Salmos 125; Mateus 26 e 27

28 ☐ Mateus 28; 1Tessalonicenses 1—3
29 ☐ 1Tessalonicenses 4 e 5;
     2Tessalonicenses 1—3
30 ☐ Romanos 1—4

DEZEMBRO
1 ☐ Romanos 5—8
2 ☐ Romanos 9—12
3 ☐ Romanos 13—16
4 ☐ Efésios 1—4
5 ☐ Efésios 5 e 6; Salmos 119.1-80
6 ☐ Filipenses 1—4
7 ☐ Colossenses 1—4
8 ☐ 1Timóteo 1—4
9 ☐ 1Timóteo 5 e 6; Tito 1—3
10 ☐ 2Timóteo 1—4
11 ☐ Filemom; Hebreus 1—4
12 ☐ Hebreus 5—8
13 ☐ Hebreus 9—11
14 ☐ Hebreus 12 e 13; Judas
15 ☐ Tiago 1—5
16 ☐ 1Pedro 1—5
17 ☐ 2Pedro 1—3; João 1
18 ☐ João 2—4
19 ☐ João 5 e 6
20 ☐ João 7 e 8
21 ☐ João 9—11
22 ☐ João 12—14
23 ☐ João 15—18
24 ☐ João 19—21
25 ☐ 1João 1—5
26 ☐ Salmos 117,119.81–176;
     2João; 3João
27 ☐ Apocalipse 1—4
28 ☐ Apocalipse 5—9
29 ☐ Apocalipse 10—14
30 ☐ Apocalipse 15—18
31 ☐ Apocalipse 19—22

Título

// ESCRITURAS

//OBSERVAÇÃO

//APLICAÇÃO

//ORAÇÃO

CAPÍTULO

— 11 —

Deleitando-se na Palavra de Deus

Quando as tuas palavras foram encontradas, eu as comi; elas são a minha alegria e o meu júbilo...[1]

Alguns anos atrás, fiz uma viagem de treinamento à China. Vinte líderes do movimento da igreja nos lares, vindos de uma província vizinha, reuniram-se para um treinamento de liderança. Fui informado de que deveria estar pronto às 8 horas e ensinar até as 18 horas — felizmente, com um breve intervalo para o almoço. Repetimos essa programação por três dias. Foi algo que me fatigou e exigiu muito de mim, mas foi também uma das experiências mais emocionantes da minha vida.

O grupo enfrentou treze horas de trem. Reunidos em um local predeterminado, eles chegavam sozinhos ou em duplas para não levantar suspeitas. Juntos em uma sala pequena e sufocante, eles se sentaram de pernas cruzadas sobre um chão de madeira. Muitos eram pequenos fazendeiros. Cada rosto estava envelhecido

---

[1] Jeremias 15.16.

por marcas profundas que continham histórias de duras experiências e perseverança sobrenatural.

Algumas vezes, quando você fala a um grupo grande, espera que de 20 a 25% (isto, em um bom dia) realmente absorvam o que você está dizendo. Naquele grupo, isso aconteceu com todas as pessoas presentes!

O largo sorriso em cada rosto fazia resplandecer suas roupas simples. Eles estavam famintos e ansiosos por ouvir os narradores da Bíblia. Todo aquele desejo de aprender extrairia o melhor de mim. Eles absorviam tudo como se jamais voltassem a se encontrar — o que, certamente, era uma possibilidade. Quando ergueram as mãos em adoração, vi pelo menos um homem marcado por cicatrizes das correntes que tinham sido sua companhia na prisão.

Para criar um ambiente mais acolhedor, logo depois que iniciamos pedi a eles que falassem um pouco sobre si mesmos. Um deles relatou com alegria que acabara de ser libertado de sua pena de cinqüenta e três anos de prisão.

Seu crime? Acreditar em um Messias invisível.

— Quantos outros de vocês passaram tempo na prisão por causa de sua fé? — perguntei.

Dos vinte, 18 levantaram a mão.

— Se as autoridades descobrissem este encontro religioso não registrado, o que aconteceria?

Eles responderam:

— Cada um de nós receberia uma pena de três anos de prisão, e seríamos deportados dentro de vinte e quatro horas.

— Vocês não estão com medo? — perguntei.

— Não — eles disseram confiantemente. — Não estamos com medo. E, se você puder nos ensinar por mais um dia, permaneceremos aqui.

Eu os cumprimentei por sua fé, o tempo todo desejando saber por que *eles* estavam sendo ensinados por *mim*, em lugar de eu ser ensinado por eles.

Como eu sabia que cada um daqueles santos veteranos supervisionava um grande número de igrejas nos lares, continuei minha sessão de "vamos nos conhecer" perguntando:

— No total, quantas pessoas vocês supervisionam em todas as igrejas nos lares?

Depois de um momento quando calculavam silenciosamente, um deles falou em voz alta:

— Vinte e dois milhões.

Eu não podia acreditar no que tinha acabado de ouvir.

— Vinte ... vinte e dois *milhões*? — gaguejei.

— Sim — ele concordou com a cabeça. —Vinte e dois milhões.

Depois de alguns momentos, recuperei a respiração e me lancei ao ensino. Levamos 16 Bíblias para distribuir, o que obrigava alguns líderes a compartilhar sua Bíblia com outros. Pedi a eles que lessem o primeiro capítulo de 2Pedro. Como faríamos a leitura em voz alta, uma senhora idosa passou sua Bíblia para outro líder. Achei aquilo meio estranho, já que as Bíblias eram tão raras, mas não dei muita atenção ao fato.

Depois que começamos a ler, entendi por que ela abrira mão da sua Bíblia com tanto bom grado: ela citou o capítulo inteiro de memória!

Durante um intervalo, perguntei-lhe como havia conseguido memorizar um trecho tão grande das Escrituras.

— Eu tenho muito mais memorizado — ela respondeu através de um de seus intérpretes.

— Mas como a senhora conseguiu memorizar tudo isso — perguntei —, quando há tão poucas Bíblias disponíveis?

— Na prisão — ela disse.

Recuando no tempo, continuei:

— Mas, se a senhora tivesse uma Bíblia na prisão, eles não confiscariam imediatamente?

— Sim — ela respondeu. — Por isso as pessoas me traziam as passagens escritas em pedaços de papel.

— E se os guardas descobrissem? — pressionei. — Eles não confiscariam esses papéis também?

— Sim. É por essa razão que memorizei as Escrituras o mais rápido que pude. Você vê, eles podem me tirar o papel, mas *não podem tirar o que eu tenho gravado em meu coração.*

Ao final de dois dias, eu estava apaixonado por essa parte da família de Deus. Sentindo-me incapaz para ajudá-los em sua assombrosa tarefa de alcançar a China, perguntei-lhes em nossa sessão de encerramento:

— Como posso orar por vocês?

— Ore para que nos tornemos como vocês — foi o pedido imediato.

Um de meus amigos recém-descobertos continuou:

— Não temos liberdade de religião. Temos apenas algumas igrejas registradas e, quando os assentos são preenchidos, eles mandam as outras pessoas embora. Enquanto isso, em seu país, vocês se reúnem sempre que querem. — Ele concluiu dizendo, novamente: — Ore para que um dia sejamos como vocês!

Balancei minha cabeça com tristeza.

— Não posso fazer isso. Não posso orar por vocês dessa maneira.

— Mas por quê? — eles perguntaram, incrédulos.

Com um suspiro, expliquei:

— Vocês vieram aqui depois de treze horas de viagem de trem. Na América, se a igreja está a mais de trinta minutos de distância, as pessoas não comparecem. É longe demais.

— Vocês se sentaram em um chão de madeira, sem ar-condicionado, por três dias inteiros. De onde eu venho, se as pessoas não se sentarem em cadeiras acolchoadas e não tiverem o conforto de um ar-condicionado, elas encontrarão algo melhor para fazer.

— Vocês não têm Bíblias suficientes, então memorizam as Escrituras a partir de pedaços de papel. Nos lares cristãos da América, temos várias Bíblias por família, mas nem sempre as lemos.

— Não — eu disse. — Não vou orar para que vocês se tornem como nós. Vou orar para que nós nos tornemos *como vocês*!

UM LIVRO COMO NENHUM OUTRO

Por que aqueles líderes chineses correram tamanho risco, reunindo-se para ouvir a Palavra de Deus? Por que valorizavam tanto a sabedoria da Bíblia a ponto de colocar a vida em perigo para ouvir a voz do Senhor?

Porque eles conheciam, por experiência própria, o poder e a verdade da Palavra. Sabiam que nenhuma arma, a não ser a espada do Espírito, dá o poder para destruir as fortalezas espirituais e conquistar os santuários do inimigo. Acreditamos no Senhor quando ele pergunta: "Não é a minha palavra como o fogo [...] e como um martelo que despedaça a rocha?".[2] E acreditamos no apóstolo quando ele declara:

> Pois, embora vivamos como homens, não lutamos segundo os padrões humanos. As armas com as quais lutamos não são humanas; ao contrário, são poderosas em Deus para destruir fortalezas. Destruímos argumentos e toda pretensão que se levanta contra o conhecimento de Deus, e levamos cativo todo pensamento, para torná-lo obediente a Cristo.[3]

Aqueles líderes compreendem que a Bíblia é diferente de qualquer outro livro do mundo. Eles reconhecem sua inigualável autoridade assim como sua habilidade sobrenatural, por intermédio do Espírito, de falar a verdade diretamente ao nosso coração de maneira que possamos ser, literalmente, capacitados para nos tornar mais semelhantes a Cristo.

Algumas vezes chamamos a Bíblia de o "Livro dos livros". Isso simplesmente significa que ela está acima de todos os outros registros escritos que tenham sido ou que ainda serão publicados.

---

[2] Jeremias 23.29.
[3] 2Coríntios 10.3-5.

A gerência de vários hotéis pode colocar outros livros assim denominados santos nas cabeceiras próximas às camas. Mas eles não podem tocar na Bíblia.

Não importa se esses livros estão encapados em couro, adornados com páginas emolduradas por ouro e faixas de seda, e impressos no mais fino papel indiano. São apenas livros, e isso é tudo o que serão. Um dia serão queimados e deles não restará a mais vaga memória na eternidade.

Nenhum outro livro se compara à Palavra de Deus. Deixe-me mostrar a você como o Senhor separou este Livro de todos os outros.

1. A BÍBLIA É O ÚNICO LIVRO QUE DEUS PROMETEU INSPIRAR

É muito bom ter clássicos como *Cristianismo autêntico*, *Uma vida com propósitos* ou *Mananciais no deserto*. Nenhum deles, entretanto, foi inspirado da mesma forma que a Bíblia. Deus prometeu inspirar apenas um livro, e este é a sua própria Palavra.

> Antes de mais nada, saibam que nenhuma profecia da Escritura provém de interpretação pessoal, pois jamais a profecia teve origem na vontade humana, mas homens falaram da parte de Deus...[4]
>
> Toda a Escritura é inspirada por Deus e útil para o ensino, para a repreensão, para a correção e para a instrução na justiça, para que o homem de Deus seja apto e plenamente preparado para toda boa obra.[5]

Se você quer ouvir as palavras que o próprio Deus inspirou, precisa ir à sua Palavra. Outros volumes podem lhe oferecer idéias úteis, histórias envolventes, perspectivas únicas e conceitos

---

[4] 2Pedro 1.20,21.
[5] 2Timóteo 3.16,17.

memoráveis, mas a Bíblia é o único livro que transmite a você o pensamento de Deus em cada página e em cada parágrafo, frase e palavra.

2. A BÍBLIA É O ÚNICO LIVRO NO QUAL TODOS OS MENTORES SEGUNDO O CORAÇÃO DE DEUS ESTÃO PRESENTES

Há na literatura mentores fenomenais, com os quais você pode aprender — Milton, Bunyan, Shakespeare, Dostoevsky, entre outros. Há mentores brilhantes, que nos dão uma visão histórica fantástica, tais como Winston Churchill, Abraão Lincoln, Teresa d'Avila e Florence Nightingale. Há também mentores contemporâneos: meu amigo Duane foi meu mentor durante anos quando eu trabalhava na Mocidade para Cristo. Nós nos encontrávamos todas as semanas para discutir as questões da vida e do ministério, e eu nunca esquecerei quanto tempo de sua vida ele investiu em mim.

Entretanto, há apenas um Livro no qual você pode encontrar os mentores especialmente selecionados por Deus para ensinar os santos. Só os homens e as mulheres da Bíblia são mentores segundo o coração de Deus, designados por ele para isso. Ele pôs seu selo de aprovação apenas nesses mentores. Jesus reconheceu isso e tratou esses homens e mulheres como seus mentores quando memorizou suas palavras, citou seus livros e pregou a partir de seus exemplos.

Até mesmo quando Jesus foi engolfado por um fogo de agonia, suspenso na cruz por pregos que atravessavam suas mãos e pés — até mesmo nessa hora ele citou as palavras de Davi: *"Meu Deus! Meu Deus! Por que me abandonaste?"*.[6]

Assim, se o Senhor coloca todo o seu peso nesses mentores — e no único livro em que todos eles vivem —, você não acha que também deveríamos fazê-lo?

---

[6] Salmos 22.1; cf. Mateus 27.46; Marcos 15.34.

3. DEUS PROMETEU ABENÇOAR ESPECIFICAMENTE OS LEITORES DA BÍBLIA

Deus nunca disse: "Se você ler C. S. Lewis, eu o abençoarei". Deus pode até abençoar você com a leitura desse grande autor, mas ele nunca fez essa promessa. Ele nunca disse: "Se você ler o livro mais recente do seu autor favorito, eu o abençoarei". Deus nunca prometeu abençoar os leitores de nenhum outro livro, a não ser aquele que ele mesmo escreveu. Nem Agostinho, nem Charles Spurgeon, nem Dwight L. Moody, nem Amy Carmichael, nem Billy Graham. Todos eles são maravilhosos e dignos de serem lidos por nós, mas nenhum de seus livros será chamado de "a Palavra de Deus".

Preste atenção ao que ele oferece no último livro da Bíblia, uma promessa única que não é expressa em nenhum outro lugar. Quando Deus concluiu seu Livro, disse as seguintes palavras por meio de seu servo João:

> ... João [...] dá testemunho de tudo o que viu, isto é, a palavra de Deus e o testemunho de Jesus Cristo. Feliz aquele que lê as palavras desta profecia e felizes aqueles que ouvem e guardam o que nela está escrito, porque o tempo está próximo.[7]

Se você quer receber uma bênção certeira de Deus, a maneira mais precisa de obtê-la é ler o único livro que ele inspirou. Ele prometeu!

4. A BÍBLIA É O ÚNICO LIVRO QUE SUBSISTIRÁ PARA SEMPRE

> "... A relva murcha, e as flores caem, mas a palavra de nosso Deus permanece para sempre."[8]

Geralmente, falamos sobre livros "imortais" que sobreviveram aos séculos. O fato é que a maioria deles é esquecida assim

---

[7] Apocalipse 1.1-3.
[8] Isaías 40.8.

que um novo título "imortal" é publicado. Os *bestsellers* de ontem raramente são os *bestsellers* de amanhã.

Com uma grande exceção, é claro.

A Bíblia continua sendo o livro mais vendido do planeta, uma posição que vem ocupando desde o tempo em que os livros começaram a ser impressos. Céticos, ditadores, opositores e muitos outros tentaram reprimir e extinguir a Palavra de Deus.

Há, entretanto, uma coisa interessante. Os oponentes da Bíblia continuam morrendo, enquanto a Bíblia permanece viva. Certa vez, o herói iluminista francês, Voltaire, declarou que, pelos seus próprios esforços e pelos esforços dos racionalistas aficionados, a Bíblia desapareceria do planeta em uma geração. Uma geração depois, a residência de Voltaire era usada para imprimir Bíblias.

Veja o que Deus diz sobre a longevidade de seu Livro:

- "A tua palavra, SENHOR, para sempre está firmada nos céus."[9]
- "Digo-lhes a verdade: Enquanto existirem céus e terra, de forma alguma desaparecerá da Lei a menor letra ou o menor traço, até que tudo se cumpra."[10]

Algum dia no céu, seja daqui a uma semana ou daqui a um milênio, você poderá estar relaxando em sua mansão celestial e ouvindo um coro angelical enquanto medita em João 3.16.

Isso é realmente possível!

Porque a Palavra de Deus ainda estará lá, viva e ativa, oferecendo sua inesgotável sabedoria.

INSPIRADA: CONFIÁVEL E PRECISA

A infalibilidade da Bíblia pode ser encontrada em seus 100% de precisão ao profetizar o futuro. São as chamadas profecias. O AT escrito no período aproximado entre 1450 a.C. e 430 a.C,

---

[9] Salmos 119.89.
[10] Mateus 5.18.

profetizou a maioria dos eventos futuros que foram registrados mais tarde. Esses acontecimentos ocorreram exatamente como foram profetizados. Não há nenhum outro "escrito sagrado" com tantos registros tão precisos.

Das muitas profecias registradas, as mais comoventes são aquelas sobre "o Ungido" ("Messias", em hebraico) que salvaria seu povo. Um evento milagroso ocorreu por volta de 4 a.C. Um menino chamado Jesus nasceu de uma virgem chamada Maria; o evangelho de Lucas registra sua história em detalhes. Então, a partir dos 30 anos de idade, Jesus começou a cumprir mais e mais as profecias escritas a respeito do Messias judeu, cuja genealogia o apontava como descendente de Davi.

O cumprimento dessas profecias foi espetacular. Jesus fez o coxo andar, curou os leprosos, deu visão a cegos, fez o surdo ouvir e ressuscitou pessoas da morte. Esses e muitos outros milagres foram realizados diante de milhares de testemunhas durante três anos e meio.

Por volta de 30 d.C., Jesus foi crucificado como um ladrão comum. Ele morreu, e no terceiro dia se levantou da morte (esses eventos cumprem três outras profecias). Mais de 500 testemunhas o viram depois da ressurreição.

As profecias foram escritas centenas de anos antes de serem cumpridas; não há dúvida de que os escritores da Bíblia foram inspirados, de maneira sobrenatural, por Deus.

EMBRULHANDO PARA VIAGEM

O fato de a Palavra ser "imortal" não significa que ela não possa ser mal interpretada. Os fariseus pareceriam bons nisso. Em uma conversa entre o Messias e seus opositores, "Jesus respondeu: 'Vocês estão enganados! pois não conhecem as Escrituras nem o poder de Deus!' ".[11]

---

[11] Marcos 12.24.

Foi no início dos anos de 1500 — apenas 500 anos atrás — que os clérigos restringiram a Bíblia ao púlpito, de modo que ninguém poderia mantê-la em casa. A Grande Bíblia, autorizada pelo rei Henrique VIII, devia ser lida em alta voz na Igreja da Inglaterra. Obviamente, os clérigos treinados sabiam como interpretar melhor as Escrituras; assim, apenas eles deveriam lê-la e, subseqüentemente, orientar as pessoas comuns quanto ao seu significado.

Foi durante esse período que Girolamo Savonarola pregou contra a corrupção clerical até o dia em que foi executado.

Ao jovem William Tyndale horrorizava o fato de ele poder estudar teologia, mas não poder estudar as Escrituras. Tyndale estava convencido de que o caminho para Deus era encontrado pela Palavra de Deus e que as Escrituras deveriam estar disponíveis a todos. Em 1525, ele terminou de traduzir a Bíblia para a linguagem comum do povo.

João Calvino também apareceu em cena para denunciar a desonestidade dos líderes da igreja e ajudar a inflamar a Reforma.

Os precursores da Reforma foram homens como João Wycliffe e Martinho Lutero, que se uniram para discutir os equívocos que eram levantados na leitura e na aplicação das Escrituras — não pelas pessoas comuns, mas pelos clérigos.

Onde quer que começasse um reavivamento ou ocorresse uma reforma, seu epicentro eram pessoas comuns incendiadas pela Palavra de Deus. Tudo começou com o retorno às suas raízes e a reivindicação de sua herança.

Discernindo os sinais dos tempos, podemos afirmar que estamos vivendo os últimos dias. Não sei em que parte do último capítulo estamos, mas estamos no capítulo final. E seremos defrontados com uma escolha: desistir ou persistir. Será um momento de definição para a Igreja.

Paulo predisse isso:

O Espírito diz claramente que nos últimos tempos alguns abandonarão a fé e seguirão espíritos enganadores e doutrinas de demônios.[12]

Algumas pessoas atraídas por falsos líderes serão facilmente levadas pela tentação e por palavras enganosas. Somente conhecendo a voz do Pastor é que o povo de Deus será capaz de discernir a verdade do erro, e a luz da escuridão.

---

[12] 1Timóteo 4.1.

Tesouros enganosos

// ESCRITURAS

*O justo passa por muitas adversidades,
mas o Senhor o livra de todas (Salmos 34.19).*

//OBSERVAÇÃO

No meu ponto de vista, seria muito melhor se esse versículo dissesse: "O justo não passa por nenhuma adversidade; ele tem a garantia de uma 'Caminhada Tranqüila' ". Mas ele não diz isso.

Davi escreveu esse salmo, e, definitivamente, sua vida não foi uma caminhada tranqüila — foi repleta de desafios e pontuada por lutas. Mesmo assim, sua vida emerge como a quinta-essência do melhor de Israel.

//APLICAÇÃO

O versículo diz: "O justo passa por muitas adversidades". Isso significa que a recompensa por tentar nosso melhor será a dor? Por que Deus nos faria passar por adversidades?

Quando reflito sobre meu passado, reconheço que os momentos em que mais cresci foram aqueles em que estive envolvido em mais lutas. Você sabe, as pedras mais preciosas não estão no topo das montanhas. Elas se escondem nas profundezas dos vales.

Nem sempre se trata de tesouros novos; podem ser tesouros ocultos que permaneceram perdidos em minha vida.

Uma avaliação equivocada. Um amor ausente. Um compromisso perdido. Uma visão enganosa. Uma afeição mal direcionada.

E, quando eles são restaurados, eu me livro das conseqüências de viver sem eles.

As adversidades não são divertidas. Por vários anos, preferi a diversão ao crescimento. Agora preciso fazer uma escolha: necessito de mais diversão ou de mais crescimento?

Decidi que preciso crescer — mas com uma pitada de diversão.

//ORAÇÃO

Pai, sempre me emociono com tua Palavra e com a forma em que ela fala mais claramente ao meu coração do que o jornal ou o noticiário desta manhã. Renovarei os valores do meu coração hoje. Obrigado por me dares um futuro e uma esperança.

Novamente: de volta à fonte

A melhor interpretação da Bíblia é a própria Bíblia — não outro livro, não uma doutrina denominacional. Busque sempre remeter tudo o que você ler às ações do espírito de Jesus Cristo. Faça sempre o caminho de volta ao Senhor. Não a um evangelista, não a outro livro que você ler, e não a alguma coisa a que assistir na TV. Sempre volte à Fonte.

Quando eu estava no colégio, meu pai decidiu construir uma cerca. Ele queria que os mourões se espaçassem um dos outros para que o ar circulasse e não faltasse água à cerca. Por isso, ela precisava de separadores entre os mourões.

— Wayne — ele disse —, preciso que você corte espaçadores de uns cinco centímetros cada. Veja, aqui está como você faz isso. Você corta e então usa este molde para marcar todos os mourões. Entendeu?

— Entendi, papai. Sou capaz de fazer isso. (Quão difícil poderia ser?)

— OK. Vou precisar de uns 200 desses, então é melhor você se apressar.

Eu peguei um pedaço de madeira, marquei-o exatamente como meu pai havia demonstrado e, então, cortei-o. Usei o pedaço cortado para marcar o próximo e deixei o primeiro marcador de lado. Cortei o próximo pedaço de madeira, usando como medida o segundo pedaço cortado, e joguei-o na pilha — exatamente como meu pai havia explicado.

Bem, não *exatamente* como meu pai havia explicado. Eu tinha desenvolvido um sistema bem-sucedido que estava realmente funcionando. Eu tinha certeza de que meu pai ficaria feliz com todo o trabalho que estava sendo feito.

À medida que eu prosseguia, não me ocorreu que eu estava adicionando a medida da ponta do lápis a cada espaçador adicional. A princípio não parecia grande a diferença, mas depois de 200 repetições a largura aumentou rapidamente.

Você pode imaginar como isso terminou?

Na hora do almoço, paramos para comer, e meu pai finalmente pôde observar sua cerca. Até aquele momento ele estivera ocupado com os parafusos dos mourões e espaçadores. Agora, porém, ele recuou para inspecionar o que havíamos criado. Uma expressão confusa tomou a sua face:

— Filho — ele exclamou —, esta cerca está horrível. — Ele pegou um dos últimos espaçadores que eu havia cortado, mediu e descobriu que ele tinha quase 8 centímetros, em vez dos 5 centímetros recomendados. Ele não estava satisfeito.

— O que você *fez*? — ele quis saber.

Quando demonstrei meu sistema, ele ficou desolado e recomendou:

— Você sempre precisa usar o pedaço original para marcar o próximo.

Muitos cristãos cometem o mesmo tipo de erro. Eles saem da trilha e tentam corrigir a rota recorrendo a seu autor contemporâneo favorito, a um conferencista ou a um ponto de vista denominacional. Embora tudo isso possa ajudar, Deus não usou nenhum deles para escrever as Escrituras.

Você sempre deve voltar à Fonte.

À Fonte!

Você não pode deixar de fazer isso.

PORTA-VOZES PARA DEUS

Quando somos pessoas moldadas diariamente pela Palavra de Deus, podemos nos tornar porta-vozes usados por ele. Ouça sua intrigante palavra a Jeremias:

> ... se você disser palavras de valor, e não indignas, será o meu porta-voz...[13]

---

[13] Jeremias 15.19.

Quando aprendemos a extrair o que é precioso do que é desprezível, podemos ser convidados a falar em nome de Deus. Na verdade, falar por Deus. Isso é inacreditável!

Deus não está procurando ninguém carregado de jargões eclesiásticos ou clichês cristãos. Ele não precisa de ninguém com mestrado em marketing ou doutorado em relações públicas. Não precisa de porta-vozes públicos para manipular as pessoas com culpa ou vergonha, levando-as a orar mais, a dar mais, a fazer mais.

Deus está chamando porta-vozes — homens ou mulheres que verdadeiramente entreguem o coração a ele. Deus está buscando alguém que fale de tal maneira que desperte a consciência das pessoas. Ele está procurando aqueles que conhecem o seu coração e a sua paixão pelos perdidos.

IMPLORANDO POR UMA MUDANÇA

Um amigo meu é pastor no Japão. Certo dia, ele me contou como recebeu a Cristo. No colégio, ele tinha um colega de quarto que era cristão. Meu amigo era budista e não queria nada com Jesus, apesar de seu colega de quarto orar por ele diariamente. Finalmente, no dia da formatura, eles estavam prontos para partir e seguir caminhos separados.

— Por favor, João —, o jovem cristão disse com lágrimas nos olhos. — Tenho levado você a estudos bíblicos. Tenho levado você à igreja. Por favor, entregue o seu coração ao Senhor.

— Não — João replicou. — Não.

— Por favor.

— Não — ele repetiu.

Seu colega de quarto, então, ajoelhou e disse:

— Eu imploro, por favor.

— Não — João insistiu mais uma vez.

Algum tempo depois, no entanto, quando João se lembrava do encontro, pensava: *Nunca ninguém implorou para que eu entregasse meu coração a Cristo. Ele deveria me amar muito.*

E foi a partir daí que as coisas começaram a acontecer. João não apenas recebeu a Cristo, mas acabou tornando-se ministro e agora pastoreia uma próspera igreja em Okinawa. Por meio de um porta-voz que sabia como extrair o precioso do inútil, o coração de Deus encontrou o de João, não com ira ou julgamento, mas com compaixão e amor.

Deus continua procurando porta-vozes com esse tipo de coração, para entregar a sua palavra a um mundo preso à escuridão entre o céu e a terra.

REFLETINDO SOBRE O QUE NOS CERCA — PARA O BEM E PARA O MAL

Não seria uma honra e um privilégio atuar como porta-voz de Deus?

"Então o que é necessário fazer?" — você pergunta.

Um bom lugar para começar é ficar próximo do coração de Deus. Quando você fica próximo do coração do Senhor, torna-se mais parecido com ele. Você começa a compreender o que ele está dizendo, como ele está dizendo, e as palavras que ele usa — até mesmo suas inflexões de voz — e passa a fazer e dizer as mesmas coisas.

Foi o que aconteceu com Pedro e João, como está descrito no livro de Atos. Eles passaram muito tempo ao lado de Deus, e as outras pessoas notavam alguma coisa diferente nos dois:

> Vendo a coragem de Pedro e de João, e percebendo que eram homens comuns e sem instrução, ficaram admirados e reconheceram que eles haviam estado com Jesus.[14]

Você não pode viver ao lado de alguém sem vir a ter alguma coisa da personalidade e do modo de ser dessa pessoa, sem que o

---

[14] Atos 4.13.

seu caráter influencie você. Jesus disse: "... todo aquele que for bem preparado será como o seu mestre".[15]

É por essa razão que Paulo também disse para sermos cuidadosos com os amigos que escolhemos, porque "as más companhias corrompem os bons costumes".[16] Você se tornará semelhante àqueles com quem passa um tempo significativo.

Alguns anos atrás, o astro David Hasselhoff, do seriado norte-americano *Baywatch,* estava filmando no Havaí. Alex Daniels, que, na época, freqüentava nossa igreja, atuava como seu dublê. Fui convidado para conhecer o *set* de filmagem.

Do lado de fora do *trailer* de Hasselhoff, havia um conjunto de halteres que ele podia erguer antes de sair para a praia, onde um atraente grupo de modelos já estaria reunido. Era muito estimulante apenas passar o tempo com todas aquelas celebridades. Pensei comigo mesmo: *Ei, eu poderia me acostumar com isto!*

Em algum momento durante o segundo ou o terceiro dia, peguei-me em plena metamorfose. Eu caminhava de modo exagerado, e um comportamento diferente começou a surgir — uma espécie de aparência e sensação de Elvis Presley. Minha voz até ganhou uma ressonância mais grave.

Então, lembrei de me olhar em um espelho próximo ao *trailer* de um dos atores. Vi meu reflexo e pensei: *Céus. No que estou me transformando? É melhor eu voltar à realidade!*

Aquela não foi uma visão muito agradável.

É claro que há também o outro lado da moeda. Algum tempo atrás, eu era muito próximo de um querido ancião chamado Noel Campbell. Ele me ajudara a iniciar uma igreja em Hilo. Era tão educado quanto um príncipe, e sempre terminava as conversas com uma declaração do tipo "Eu realmente amo você".

---

[15] Lucas 6.40.
[16] 1Coríntios 15.33.

E não era apenas conversa. Noel era tão autêntico quanto os raios de sol havaianos. Eu sempre podia contar com ele para uma palavra de encorajamento. Muito tempo atrás, depois de pregar um sermão bem-sucedido, eu era convidado para um bate-papo com os membros da igreja, no estacionamento. Na maior parte das vezes, porém, eu parecia ter fracassado tremendamente. Quando meu sermão não era dos melhores, eu tentava escapar pela porta de trás, mas Noel me encontrava e dizia:

— Eu realmente amo você.

— Estou muito feliz por encontrar alguém que me ama — lembro-me de dizer.

Noel finalmente aposentou-se e retornou a Spokane, em Washington. Você sabe o que aconteceu? Eu descobri que passei a terminar muitas de minhas conversas com um "Eu realmente amo você".

E eu realmente queria dizer isso.

É muito bom adquirir hábitos positivos das pessoas com quem você convive. Mesmo assim, não importa quão maravilhosos sejam os seus amigos, não há nada melhor do que estar bem próximo dos mentores das Escrituras.

APENAS UMA PESSOA, UMA LUZ

À medida que nos tornarmos consistentes em nossas devocionais diárias, começamos a entender o que significa ser um porta-voz de Deus. Nossas palavras se tornam mais parecidas com as palavras de Deus. Elas crescem, ganham vida e são sempre motivadas pelo amor. Você sabe o que acontece quando suas palavras começam a projetar esse tipo de qualidade? *As palavras do Senhor começam a definir você como seu discípulo.*

O Soberano, o Senhor, deu-me uma língua instruída, para conhecer a palavra que sustém o exausto. Ele me acorda manhã após manhã, desperta meu ouvido para escutar como alguém que está sendo ensinado.[17]

Não precisamos de pessoas que sejam brilhantes apresentadoras ou oradoras eloqüentes. As pessoas sofridas não precisam de um novo clichê religioso. Elas não precisam de um novo jargão eclesiástico. *Precisam apenas de alguém que fale da parte de Deus.*

Um marido e sua esposa estão cansados de brigas. *Eles precisam de alguém que lhes fale da parte de Deus.*

Um colega de trabalho em apuros está à beira do colapso. *Ele precisa de alguém que lhes fale da parte de Deus.*

Quando alguém que você ama é diagnosticado com câncer, quando um ministro é desencorajado, ou quando um santo é surpreendido em pecado, eles não precisam de assassinos religiosos. Precisam de um autêntico embaixador.

Seja um deles, meu amigo, e deleite-se no coração de Deus.

A história conta sobre uma expedição da Segunda Guerra Mundial com seis aviões que decolaram de um navio cargueiro. Eles lançaram seus explosivos e, sob a mortalha da noite, iniciaram seu caminho de volta.

Conectados por rádio ao navio, eles solicitaram que luzes fortes iluminassem as perigosas ondas do mar, de modo que pudessem aproximar-se do *deck* flutuante. A resposta foi que era preciso manter o blecaute absoluto por causa dos aviões inimigos que vigiavam os navios aliados.

Os pilotos enviaram de volta uma solicitação de socorro porque, sem as luzes, eles seriam incapazes de encontrar o navio no oceano tingido de negro. O operador de rádio rejeitou seus apelos.

— Pelo menos uma luz — o piloto-chefe implorou. — Apenas uma luz na proa, e nós teremos uma chance!

---

[17] Isaías 50.4.

— Estamos apenas seguindo ordens — o operador retornou.
— Sinto muito. Sinto muito mesmo — e as linhas de comunicação da torre se calaram.

Todos os seis aviões se perderam.

Milhões estão abandonados, procurando desesperadamente um caminho até Deus. Eles têm experimentado imitações providas pelo mundo e continuam vazios e necessitados. Estão à procura de apenas uma luz que os conduza de volta para casa.

MERGULHANDO MAIS FUNDO

Leia 2Coríntios 5.17-21. Escolha *um versículo* e escreva a respeito dele no seu diário, usando o método dos quatro passos que apresentamos no esquema a seguir. Invista tempo para meditar em como você viverá de modo diferente por causa daquilo que você acabou de ler.

> Se alguém está em Cristo, é nova criação. As coisas antigas já passaram; eis que surgiram coisas novas!
> Tudo isso provém de Deus, que nos reconciliou consigo mesmo por meio de Cristo e nos deu o ministério da reconciliação, ou seja, que Deus em Cristo estava reconciliando consigo o mundo, não levando em conta os pecados dos homens, e nos confiou a mensagem da reconciliação.
> Portanto, somos embaixadores de Cristo, como se Deus estivesse fazendo o seu apelo por nosso intermédio. Por amor a Cristo lhes suplicamos: Reconciliem-se com Deus.
> Deus tornou pecado por nós aquele que não tinha pecado, para que nele nos tornássemos justiça de Deus.

Título

// ESCRITURAS

//OBSERVAÇÃO

//APLICAÇÃO

//ORAÇÃO

CAPÍTULO

12

A universidade do Espírito Santo

Está escrito nos Profetas: "Todos serão ensinados por Deus".[1]

Você encontrará seus melhores amigos na Bíblia. Homens e mulheres escolhidos e ordenados por Deus para auxiliar você. Eles lhe darão orientação e servirão como seus tutores. Nenhum seminário, nenhuma conferência, nenhum fórum de liderança ultrapassará o que você aprenderá ao examinar a Bíblia. Buscar um substituto é semelhante a pais permitirem que a mídia crie seus filhos.

Todos os anos, como reitor da Pacific Rim Bible College, aqui no Havaí, eu dirijo nossas cerimônias de formatura. A entrega dos diplomas é uma ocasião cheia de alegria para alguns e, suponho, uma surpresa para outros!

A maioria de nós planeja graduar-se em uma instituição ou outra; definimos isso como uma meta. Existe, porém, uma universidade em que nunca nos graduamos. É a Universidade do Espírito Santo. O currículo é um processo de aprendizagem, ins-

---

[1] João 6.45.

trução e treinamento *in loco* por toda a vida. A graduação se dará quando adentrarmos os portões do céu. Até lá, a Universidade do Espírito Santo incluirá estudos, experiências, derrotas, conseqüências, disciplinas, registros diários e uma porção de companheiros de viagem.

Justamente nesta semana tive o privilégio de viajar por algumas milhas com um de nossos mentores divinos. Rute me ensinou muito por sua humildade e perseverança, duas qualidades das quais algumas vezes necessito desesperadamente. Rute me recontou sua história, e eu me recordei dela, assim como a ouvi, nas páginas diárias do meu *Diário de vida*.

UMA MENDIGA QUE SE TORNOU PARTE DA REALEZA

> As mulheres disseram a Noemi: "Louvado seja o SENHOR, que hoje não a deixou sem resgatador! [...] Noemi pôs o menino no colo, e passou a cuidar dele. As mulheres da vizinhança celebraram o seu nome e disseram: "Noemi tem um filho!", e lhe deram o nome de Obede. Este foi o pai de Jessé, pai de Davi (Rute 4.14,16,17).

OBSERVAÇÃO

Ela [Rute] não poderia saber de jeito nenhum. Nem em milhões de anos. Será que Rute percebeu como sua obediência a vinculou a Davi, o maior de todos os reis de Israel? Será que reconheceu como, por intermédio das terríveis circunstâncias pelas quais ela passou, seu "Parente Resgatador" seria o Messias? E será que ela compreendeu como estava próximo da realeza enquanto colhia nos campos de Boaz?

Você não deve preocupar-se com o futuro. O futuro é freqüentemente nebuloso. Confuso. Você voa às cegas. Exceto por uma coisa: a obediência. A obediência é como um equipamento sonar. A obediência não *removerá* os obstáculos. Apenas ajudará você a navegar através das dificuldades. Ela, porém, também faz exigências: a obediência nos compele a viver em confiança e submissão, não com base em resultados e recompensas. Nenhum arranjo prévio garantido. Somente promessas.

Rute obedeceu às instruções de Noemi e manteve-se casta. Em um mundo antigo, em que mulheres miseráveis nem sempre estavam relacionadas à virtude, Rute resistiu. Ela permaneceu fiel às instruções de Deus e à intuição de sua sogra, até que Boaz reconhecesse sua lealdade: "... você poderia ter ido atrás dos mais jovens, ricos ou pobres!".[2]

A obediência é reconhecível.

APLICAÇÃO

Eu gostaria de saber quantas vezes estive perto de resultados reais, mas retrocedi. Suspeito que muitas vezes. Hoje, entretanto, caminhando com Rute; seu conselho renovou minha alma. Sua narrativa tocou meu coração.

Hoje eu me alistarei mais uma vez para obedecer. Raramente conheço com antecedência os resultados das decisões tomadas. Mesmo assim, obedecerei; não importa que medos me assaltem.

A obediência é o guia para um futuro excelente, e hoje sou uma pessoa afortunada. *Hoje tive a oportunidade de viajar na companhia de Rute, uma mendiga que se tornou parte da realeza.*

É encorajador ter um amigo que conta suas experiências passadas de modo que eu possa prosseguir no caminho em direção à plenitude do meu futuro!

Depois de caminhar com Rute por aqueles poucos quilômetros, parei e fiz a seguinte oração:

ORAÇÃO

Querido Pai: sei que tu desejas o melhor para mim, e tudo o que me pedes é que te obedeça, passo a passo. Hoje renovo meu coração

---

[2] Rute 3.10.

diante de ti. Por favor, perdoa as muitas vezes em que hesitei e desisti. Obrigado por tua paciência para com um santo rabugento como eu. Sou extremamente grato por tua obediência no Calvário, quando o inferno inteiro estava contra ti. Que eu possa ter coragem hoje de conhecer tudo o que o céu significa para mim!

Leia João 5.39: "Vocês estudam cuidadosamente as Escrituras, porque pensam que nelas vocês têm a vida eterna. E são as Escrituras que testemunham a meu respeito...". Tudo o que aprendemos nos leva diretamente de volta à Fonte.

A Universidade do Espírito Santo envolve muito mais do que assistir a aulas. Não se trata de conhecer as informações, mas de conhecer o Informante!

UM CURSO OU UM TUTOR?

Algum tempo atrás, eu freqüentava aulas de guitarra para *jazz* num colégio perto de casa. Nosso instrutor era excelente e ensinava escalas e acordes que nós tocávamos juntos como uma turma.

Um dos alunos, porém, era um pouco lento. Com freqüência, o professor interrompia sua lição com um "Só um minuto, turma", e então se dirigia àquele aluno e o instruía individualmente até que ele aprendesse a segurar sua guitarra, afiná-la corretamente e tocar as cordas. Basicamente, esse aluno atrasou o progresso e a velocidade da nossa classe.

Eu poderia ficar realmente impaciente com aquela situação, exceto por um detalhe: eu era aquele aluno.

Agora, imagine se o legendário guitarrista de *jazz*, Joe Pass, fosse o instrutor daquela turma. Quando terminássemos a aula, acredito que ele se aproximaria de mim (o aluno lento) e diria:

— Wayne, vislumbro em você a promessa de jovem guitarrista. Vejo algum potencial. E gostaria de lhe dar uma opção: você pode permanecer nesta turma com aulas uma vez por semana, ou encontrar-me diariamente por uma hora para estudar. Vou ensiná-lo pessoalmente a tocar a guitarra para *jazz*. Você gostaria?

O que você acha que eu escolheria? Você acha que eu precisaria pensar a respeito? Não há dúvida!

Imediatamente eu optaria por ser ensinado pelo renomado artista. Eu responderia:

— Você me diz o horário e, mesmo que seja às duas horas da madrugada, estarei lá.

Que grande honra seria!

Menos de um ano depois, imagino, alguém me ouviria tocar, pararia surpreso e perguntaria:

— *Onde* você aprendeu *isso*?

— Ah — eu explicaria —, fiz um curso no colégio perto de casa.

Eles me olhariam de lado e responderiam:

— Bem, você até pode ter feito esse curso, mas não foi lá que você aprendeu *isso*.

— O que vocês estão querendo dizer? — eu perguntaria.

— Eu lhe direi a diferença. Você não fez apenas um curso. A forma com que você espaça as notas, com que você respira, a sua entonação e os acordes — eu reconheço todos eles! É o modo com que Joe Pass toca. Você não consegue isso em uma aula comum. Você deve ter aprendido com o mestre. Essa é a única maneira pela qual você poderia ter aprendido a tocar dessa forma.

Então eu confessaria:

— Sim, você está certo. No último ano, tenho estudado diariamente com o próprio Joe Pass.

Há uma diferença enorme entre freqüentar um curso e ser ensinado pelo Mestre.

"EU OUÇO O PAI FALANDO POR SEU INTERMÉDIO!"

Quando você torna suas devocionais diárias um hábito — quando você se senta com o Espírito por pelo menos quarenta minutos por dia —, uma cena como a que acabei de descrever pode realmente acontecer com você. Em menos de um ano, você compartilhará uma oração de seu diário ou um *insight*, e alguém que estiver ouvindo o interromperá.

— Onde você teve essa revelação? — ele ou ela perguntará.

— Bem, eu fui à escola bíblica.

— Estou certo de que você esteve lá, porém há mais do que isso aí. Você não obtém isso apenas freqüentando a escola bíblica. Você foi ensinado pelo Mestre, não foi? Carne e sangue não o revelaram a você; mas o Pai celestial o revelou.

Que diferença!

O mundo não será transformado por aqueles que freqüentam aulas semanais. Será transformado por homens e mulheres que se sentam diariamente aos pés de Jesus, ouvindo a sua Palavra. Alguém ouvirá você dando conselhos e imediatamente reconhecerá que suas palavras têm o tom da voz do Pai. Essa pessoa identificará uma autoridade e uma repercussão que vão além de você. E, naquele momento, não será apenas você falando; será o Pai falando por seu intermédio. Você terá se tornado verdadeiramente o seu porta-voz.

Olhando sempre para o futuro

// ESCRITURAS

"Esqueçam o que se foi; não vivam no passado. Vejam, estou fazendo uma coisa nova! Ela já está surgindo! Vocês não a reconhecem? Até no deserto vou abrir um caminho e riachos no ermo" (Isaías 43.18,19).

//OBSERVAÇÃO

Isaías me faz lembrar, hoje, que devo manter-me sempre olhando para o futuro. "O que vem a seguir?" deveria ser o clamor do meu coração. "Como posso me corrigir ou me desenvolver para me tornar uma pessoa melhor? O que preciso corrigir, enfatizar novamente, preparar? No que devo investir o meu tempo?"

//APLICAÇÃO

Polir os troféus e ruminar os próprios erros — tanto um quanto outro — podem roubar o meu futuro. Embora seja ótimo ouvir elogios — e eu preciso ouvi-los — como Paulo instruiu, devemos esquecer as coisas que ficaram para trás e avançar para as que estão adiante (v. Fp 3.13,14). É no futuro que o potencial é encontrado, a promessa é descoberta, a esperança é desvelada, as expectativas são liberadas, e a visão é moldada.

Só quando começo a olhar para o futuro é que consigo ver as estradas na imensidão da floresta e rios cortando o deserto. Ruminar o passado me deixará cego.

Remoer minhas mágoas ou lamber minhas feridas também roubará os meus amanhãs. Vou capturar as lições aprendidas, agradecer as "Conseqüências" por seu método de ensino brutal mas efetivo e, então, seguirei em frente em direção ao meu futuro. Como C. S. Lewis disse: "Quando você mantém sua face voltada para o sol, as sombras sempre estarão atrás de você".

//ORAÇÃO

Obrigado, Senhor Jesus, por aumentares meu potencial, redirecionando meu foco e abrindo meus olhos para os rios e as estradas que eu não havia visto antes.

Não um programa, mas um processo

Esta é uma mudança de vida com impacto eterno. É a diferença entre alguém lhe perguntar: "Desculpe-me, mas por acaso você é cristão?" e "Uau! Você se parece com Jesus. Quem lhe ensinou a agir dessa forma?".

Quando você começar a sentar aos pés do Senhor e ouvir a sua Palavra, praticando repetidamente o que você ouviu em seu exame da Bíblia, os pensamentos de Deus se tornarão os seus pensamentos, e os caminhos de Deus se tornarão os seus caminhos. Então, você começará a revestir-se do que a Bíblia chama de "a mente de Cristo."[3]

Novamente:

> Vendo a coragem de Pedro e de João, e percebendo que eram homens comuns e sem instrução, ficaram admirados e reconheceram que eles haviam estado com Jesus.[4]

Como você pode responder às reviravoltas da vida da maneira com que o próprio Jesus responderia? A única forma de fazer isso é aprender a pensar como ele pensa. Quando isso acontecer, você começará a responder do modo em que ele responde.

Quanto mais você continua a ler as Escrituras, mais começa a pensar como ele pensa e a agir como ele age. E é assim, ao longo do tempo, que você adquire a sabedoria de todos os tempos. Na verdade, você poderia dizer que, cada vez que você lê a Bíblia, Deus está inspirando o que ele diz em sua Palavra novamente.

PODEMOS ACEITAR OU REJEITAR O CONVITE

O Senhor faz a cada um de nós a mesma pergunta e o mesmo convite: *Você decidirá alimentar a si mesmo, em vez de esperar que alguém lhe dê de comer uma vez por semana? Você decidirá entrar*

---

[3] 1Coríntios 2.16.
[4] Atos 4.13.

na Universidade do Espírito, onde eu posso ensiná-lo pessoalmente, todos os dias?

Que grande honra ser pessoalmente ensinado pelo próprio Deus, dia após dia! E, à medida que você passa tempo em oração e em meditação na Palavra, é exatamente isso o que acontece. No entanto, note que eu disse "tempo em oração". Se você dedicar vinte horas diárias ao estudo intensivo da Bíblia e, apesar disso, não convidar Deus a interagir com você por meio de suas páginas, estará trilhando o mesmo caminho que Judas Iscariotes trilhou.

Todos os discípulos, incluindo Judas, estiveram ao lado do Mestre todos os dias, por três anos inteiros, mas foi somente depois do Pentecostes que a maioria das lições que haviam recebido fez sentido para eles. Por que o atraso? Porque, no Pentecostes, Deus enviou o Espírito Santo para habitar em cada crente, para direcionar profundamente ao coração as lições que eles tinham ouvido. *Precisamos* ter o Divino Mentor aplicando as lições das Escrituras ao nosso coração; de outra maneira, terminaremos adquirindo conhecimentos inúteis, fatos esotéricos e curiosidades bíblicas.

Lembre-se de que Judas passou na presença de Jesus essencialmente o mesmo tempo que os outros discípulos. Sim, Pedro, Tiago e João receberam uma parcela especial de tutoria. Entretanto, Judas esteve ao lado do Filho de Deus por meses seguidos, assistindo a milagre após milagre, ouvindo ensino após ensino.

Judas jogou tudo pelo mar.

PERDENDO O FOCO

O grande livro de F. Kefa Sempangi, intitulado *A Distant Grief* [Uma tristeza distante], alerta-nos sobre o fato de que podemos perder o foco. Sempangi passou pela terrível ditadura de Amin durante o passado opressivo de Uganda. Como jovem ministro, ele testemunhou as perseguições e o assassinato de muitos crentes. Seus amigos desapareceram, e vilas inteiras foram massacradas. Para escapar dos maus-tratos, ele fugiu com sua família para os Estados Unidos. Lá, Sempangi e sua esposa, Penina, matricularam-se em um seminário de treinamento avançado para o ministério. Conforme o tempo passava, passaram também os medos constantes sob os quais eles viveram subjugados durante anos. As tensões e ansiedades que se tornaram a norma de sua existência lentamente se transformaram em coisas do passado, e eles começaram a viver em tranqüilidade e segurança.

Sempangi escreve:

> Nosso primeiro semestre passou rapidamente. Penina deu à luz nosso filho, Dawudi Babumba. No outono, retornei a meus estudos. Eu cursava o segundo ano quando notei a mudança que tinha ocorrido em minha vida. Em Uganda, Penina e eu líamos a Bíblia em busca de esperança e vida. Líamos para ouvir as promessas de Deus, ouvir suas ordens e obedecer. Não havia tempo para dúvidas ou discordâncias religiosas.
>
> Agora, na segurança de uma nova vida e com a realidade da morte desvanecendo em nossa mente, eu me peguei lendo as Escrituras para analisar textos e fazer especulações a respeito de minúcias de significado. Passei a apreciar debates teológicos abstratos com meus colegas de classe e, embora essas discussões fossem intelectualmente reanimadoras, não demorou muito para que começássemos a contemplar idéias diferentes da obra de Deus em nossa vida. Não era o sangue de Jesus Cristo que nos dava unidade, mas nossa concordância com respeito a questões doutrinárias. Estávamos reunidos não para confessar e perdoar-nos, mas para debater.[5]

Não podemos perder o foco. Não é o programa, mas o processo, que muda nosso coração enquanto nos sentamos aos pés do

---

[5] F. Kefa SEMPANGI. *A Distant Grief: The Real Story Behind the Martyrdom of Christians in Uganda*. Eugene, OR: Wipf e Stock, 2005.

Mestre. Esse processo não é um fim em si mesmo, mas um meio para alcançarmos a semelhança e a mente de Cristo. Aproxime-se para ver *a Cristo*, não para garimpar informação sobre ele. Preste atenção à voz de Cristo, não a uma nova idéia. Toque o coração de Deus, seja cauteloso diante de novas informações até que elas sangrem de seus joelhos dobrados. Mastigue-as primeiro. Elas são alimento para sua alma, antes de ser ração para suas idéias.

A MAIS SUBLIME FORMA DE ORAÇÃO

Anos atrás, eu freqüentava um poderoso encontro de oração pentecostal em Portland, no Oregon. Eu era um cristão recém-convertido, um neófito de apenas três semanas de idade no Senhor. Aquela igreja era bem conhecida por seus encontros, que começavam às 19 horas e terminavam sempre tarde da noite. Os participantes formavam uma ruidosa cacofonia, em que cada um orava em uma língua espiritual diferente e clamava alto aos céus.

Para mim, aquilo soava realmente espiritual.

Eu pensava que o "vencedor" seria aquele que falasse mais alto, mais rápido e mais — sem respirar — durante uma hora inteira.

Entretanto, terminei aquela noite profundamente desencorajado. Eu não seria capaz de orar daquela maneira. Eu precisava respirar! E isso significa que os outros me superariam.

Que espécie de cristão sou eu?! — eu pensava.

Conforme eu caminhava de volta para casa, contudo, outro pensamento invadiu minha mente: *Agora, espere um minuto. Se eles ficam falando sem parar durante uma hora inteira, quando ouvem a voz do Senhor? Acho que preciso ouvir o que Deus está me dizendo muito mais do que ele precisa ouvir de mim. Deve haver uma forma melhor de orar. Mas quem sou eu para saber? Sou apenas um cristão recém-convertido.*

Continuei a caminhar e pensar a respeito, e por fim algumas conclusões começaram a se formar em minha mente. *Certo. Quando estou lendo a Bíblia, quem está falando? Deus. E quem está ouvindo? Eu. Então, isso significa que a forma mais sublime de oração é aquela em que faço minhas devocionais e Deus fala comigo?* Creio que acertei na mosca.

Não tenha dúvida: *a mais sublime forma de oração não é aquela em que você fala com Deus. É a oração em que ele fala com você.*

OUVINDO A VOZ DO SENHOR

Sim, concluí que existe súplica. Existe intercessão. Existe ação de graças e louvor. Mas nada disso substitui o sentar aos pés do Senhor e ouvir a Palavra de Deus com coração aberto e ouvidos atentos a cada palavra dita. Estou convencido de que precisamos ouvir mais de Deus do que ele precisa ouvir de nós. Temos de ouvir mais sobre seus planos para nossa vida do que ele precisa ouvir sobre nossos planos para o futuro.

Recentemente, um amigo me contou o seguinte: "Wayne, eu leio a Palavra com freqüência, mas não gasto muito tempo em oração. Quer dizer, *eu não tenho tempo para isso.* Luto para encontrar tempo para ler a Palavra, de uma forma que eu possa cumprir pelo menos um item de minha lista de afazeres espirituais. Faço isso de verdade! Contudo, estou descobrindo que as melhores correções de curso vêm quando ponho minha face diante de Deus, esperando nele. É quando ele realmente começa a explicar as coisas para mim".

Ouça! Você ouviu isso? Outro acerto direto na mosca. Recebemos nossa melhor instrução não quando estamos falando, mas quando estamos escutando.

Pense em Davi, um dos mentores favoritos de todos nós. Apesar de ser uma das personagens bíblicas mais apreciadas, nem sempre ele ouviu a voz de Deus, não é mesmo? Quantas vezes você acha que o Senhor tocou um sino de alerta antes que Davi cometesse adultério com Bate-Seba? Aposto que isso aconteceu muitas vezes. Davi, contudo, se recusou a ouvir, endureceu o seu coração e, finalmente, mergulhou nos pecados de adultério e assassinato.

Precisamos abrandar nosso coração e, de boa vontade, nos tornar mais sensíveis aos avisos e chamados de nosso Pai, que nos ama. Quando abrimos o nosso coração diante de Deus, nós nos tornamos capazes de reconhecer até mesmo os sussurros divinos; Deus não precisa mais gritar conosco.

Creia em mim, meu amigo, é muito melhor ouvir a voz suave de Deus do que aguardar o brado divino. Geralmente esses brados vêm na forma de graves conseqüências — e você simplesmente não precisa disso.

Com o que poderia parecer esse "ouvir a Deus"?

Pode significar levantar-se durante seu tempo de leitura bíblica e oração e fazer uma breve caminhada, convidando o Espírito de Deus a falar com você e aplicar a verdade que você acabou de ler.

Pode significar anotar um versículo que Deus destacou em seus momentos devocionais — registrando-o em um cartão ou *post-it* e colando-o em seu bolso ou bolsa. Então, várias vezes durante o dia, tirar aquela porção de verdade de seu bolso e pedir ao Divino Mentor que fale com você por meio daquelas palavras.

Pode significar almoçar sozinho e revisar aquilo que você escreveu no seu diário nas últimas semanas.

Quaisquer que sejam os detalhes, *os ingredientes essenciais aqui são a Palavra de Deus, o Espírito de Deus, e um coração empenhado em ouvir a voz de Deus.*

HONRANDO VERDADEIRAMENTE O REI

Você se lembra da comovente história de como os três fortes homens de Davi arriscaram a vida para cumprir um capricho de seu líder? Acho que esse relato pode nos ensinar muito sobre a verdadeira adoração.

Naquele tempo, os filisteus, tradicionais inimigos de Israel, controlavam a cidade natal de Davi, Belém. Certo dia, enquanto Davi e seus homens descansavam sobre a rocha de uma fortaleza, Davi distraidamente disse a ninguém em particular: "Quem me dera me trouxessem água da cisterna que fica junto à porta de Belém!"⁶.

Não acredito que Davi pensasse que alguém iria levar seu pedido a sério. Talvez ele nem mesmo achasse que alguém o estivesse ouvindo. Ele apenas estava expressando o desejo por um gole da água pura e gelada que fazia de Belém uma cidade famosa. Um pensamento em voz alta, na melhor das hipóteses. Um desejo lançado aos ventos.

Três de seus homens ouviram a solicitação improvisada, olharam uns para os outros e, silenciosamente, deslizaram para fora da fortaleza. Infiltrando-se pelas defesas dos filisteus, eles de alguma forma conseguiram um copo de água e fizeram o caminho de volta até Davi.

Quando os três homens chegaram à fortaleza, estenderam o copo com o precioso líquido ao líder e disseram: "Sabe aquela bebida especial que você queria? Bem, aqui está!".

Davi levantou os olhos em estado de choque. A lealdade, a coragem e a ousadia de seus homens o fizeram tremer da cabeça aos pés. Cuidadosamente, ele pegou o copo, mas em vez de beber o líquido, disse: "Não sou digno disto! Vocês arriscaram a vida para consegui-lo, mas eu não posso aceitar este presente tão valioso". Então, você sabe o que Davi fez? Ele se ajoelhou e derramou a água diante do Senhor, dizendo por suas ações: "Isto é digno somente de adoração ao Rei dos reis".

Quando leio essa história, Davi me traz uma nova idéia ao coração, pelo qual sou extremamente grato. Escrevi em meu *Diário de vida* as seguintes palavras:

---

[6] 1Crônicas 11.17.

Os pensamentos do Rei

// ESCRITURAS

Então aqueles três infiltraram-se no acampamento filisteu, tiraram água daquela cisterna e a trouxeram a Davi. Mas ele se recusou a bebê-la; em vez disso, derramou-a como uma oferta ao SENHOR. "Longe de mim fazer isso, ó meu Deus!", disse Davi. "Esta água representa o sangue desses homens que arriscaram a própria vida!" Eles arriscaram a vida para trazê-la. E não quis bebê-la. Foram essas as proezas dos três principais guerreiros (1Crônicas 11.18,19).

//OBSERVAÇÃO

Davi não teve de gritar para que seus homens saíssem e lhe trouxessem água. Nem mesmo precisou ordenar-lhes que a trouxessem. Ele simplesmente pensou em como seria bom ter um copo de água fresca. Um simples pensamento do rei, uma simples sugestão, foi suficiente para motivar aqueles homens a agir.

//APLICAÇÃO

Esse tipo de ação é o epítome de honra, e o fruto desse trabalho é digno de uma única pessoa: o Senhor dos senhores. Não há adoração mais sublime que ser capaz de reconhecer os suspiros do coração do Rei, e isso é suficiente para me levar a explorar, a assumir riscos e a enfrentar as defesas que o inimigo levantou.

Com muita freqüência fico à espera de um brado divino; mas isso não agrada ao Rei. Se Deus precisasse gritar, não exigiria nenhuma fé manifestada de minha parte. Com freqüência, eu espero a crítica chegar antes de tomar uma atitude. Isso não representa nenhuma alegria. Apesar disso, ergo minha voz em êxtase para o coral de reverência e culto que alcança as alturas, e que eu chamo de adoração.

A adoração em seu mais elevado nível está desenvolvendo o meu coração em tamanha sensibilidade que até mesmo os pensamentos do Rei são suficientes para me levar à ação. Não existe nada maior que isso.

//ORAÇÃO

Pai, que eu esteja tão próximo de ti que possa ouvir os teus pensamentos e ser impulsionado a agir!

São os desejos sussurrados do coração do nosso Deus que precisam ser suficientes para me conduzir à ação. Isso pode *incluir* o cantar de corais; porém, é muito mais que isso.

A adoração começa com meu tempo diário diante do trono de Deus, ouvindo seu coração. E, quando termino, espero viver de maneira diferente por causa daquilo que acabei de ouvir. Freqüentemente, será um sussurro que você ouvirá do Rei, mas, se você o ignorar, ouvirá um brado dos céus. Não há nada que agrade mais ao Pai.

Uma palavra final: A presença de Deus

Que mais poderá distinguir a mim e a teu povo de todos os demais povos da face da terra?[1]

Permita-me explicar o que provavelmente é o maior benefício de ser permeado pela Palavra de Deus com uma freqüência diária. O Havaí tem um charme especial. O clima maravilhoso e os suaves ventos tropicais dão às ilhas um apelo único que atrai mais de 100 mil visitantes por mês às suas praias ardentes. Noites fascinantes, manhãs aprazíveis e um oceano efervescente conferem ao Pacífico o apelido de "Paraíso". Simplesmente não existe lugar melhor que o Havaí!

No entanto, para mim, o maior charme do Havaí é o seu povo. É como se qualquer um com sangue polinésio nas veias fosse capaz de cantar, dançar ou domar as ondas com uma prancha de surfe. Despretensiosos e sem o mínimo de afetação, esse povo caloroso tem uma elegância natural para fantasiar-se com simplicidade e graça.

Alguns dos mais importantes músicos, artistas e esportistas do mundo se vestem como modestos cidadãos. Uma singela mãe de quatro filhos surpreenderá uma multidão reunida para um piquenique ao apresentar na guitarra havaiana uma canção de ninar típica que tocará fundo na sua alma.

---

[1] Êxodo 33.16.

Outra dançará, e outra ainda irá tocar um solo instrumental com sua guitarra plugada a um equipamento de som especial que produz aquela tonalidade típica da música havaiana.

Os havaianos mais despretensiosos são as "pessoas das águas". Formam uma geração especial de atletas. Muitos deles cresceram próximo à praia, onde o contato diário com o oceano é tão natural quanto o ar que respiramos. Esse era o caso de "Nappy".

Joseph "Nappy" Napoleon é uma lenda. Aos 63 anos de idade, Nappy é um dos competidores de canoagem no Havaí. Ele equilibra uma forte orientação competitiva com uma abordagem amigável e despreocupada. Canoístas experientes justificadamente o encaram com grande respeito. Seus muitos feitos como canoísta e timoneiro não encontram adversários à altura na competição em oceano aberto. Ele participou mais de cinco vezes da competição anual de 70 quilômetros entre ilhas. Parece conhecer cada onda por nome e fica mais confortável na água que na terra.

Conheci Nappy alguns anos atrás, quando me iniciei no esporte. Ele era uma espécie de celebridade para mim. Queimado pelo sol, acentuado por sua herança havaiana, era fácil reconhecê-lo. Aquela foi a minha primeira corrida. Apareci com um remo novo, bermudas de surfe novas, e uma camisa de marca que eu havia comprado em uma liquidação. (Imaginei que, se eu não pudesse ganhar, pelo menos faria uma ótima presença na competição!)

Nappy chegou como se estivesse vindo do trabalho em seu quintal. Seu remo, que parecia ter sido dobrado como uma ferramenta de jardinagem, era velho e lascado. Ele vestia shorts desbotados e uma camiseta que anunciava um restaurante local. Ele chegou minutos antes de a corrida começar. Nenhuma garrafa de água, nada de géis poderosos e nenhuma barra de proteína. Ele simplesmente se apresentou — sozinho!

Quando cruzamos a linha de chegada, eu o examinei novamente. Sua equipe havia chegado vinte minutos antes da nossa. Ele estava na praia tomando um drinque gelado, assistindo à nossa canoa exausta atravessar com dificuldade seu caminho de volta para casa, competindo pelo penúltimo lugar.

Dizia-se que Nappy tinha "o toque". Depois de anos de experiência e centenas de corridas, ele simplesmente carrega esse "toque" com ele. Aposto que, quando você tem esse "toque" dentro de si, realmente não precisa de todos aqueles acompanhamentos. Nappy disse que enfeites e adornos apenas reduziam a sua velocidade.

E ele estava certo. O "toque" era muito mais importante que todos aqueles acessórios que eu tinha adquirido.

A MÃO DE DEUS

Davi era desse jeito também. Ninguém dava grande coisa pelo esquelético jovem pastor. Na verdade, foi em um de seus primeiros desafios que o exército de Saul lhe foi oferecido. Estou certo de que o rei seguia a última palavra em moda para a guerra: roupas brilhantes, fortes, e mesmo assim flexíveis, até para os mais exigentes guerreiros. Davi rejeitou tudo isso. Uma funda de couro usada e algumas pedras lisas foram suficientes para derrubar o gigante que tinha ridicularizado Israel. Davi possuía o toque e, quando o toque de Deus estava sobre ele, nada o impedia de conseguir o que desejava.

Todo o resto apenas diminuiria a sua velocidade.

Esdras também era assim. Ele foi um "Nappy" do AT, diferenciando-se dos outros como aquele sobre quem repousava a mão do Senhor.

> Esdras [...] era um escriba que conhecia muito a Lei de Moisés dada pelo SENHOR, o Deus de Israel. O rei lhe concedera tudo o que ele tinha pedido, pois a mão do SENHOR, o seu Deus, estava sobre ele.[2]

---

[2] Esdras 7.6.

Esse experiente santo confessou: "por sua bondade [de Deus], favoreceu-me [...] Como a mão do SENHOR, o meu Deus, esteve sobre mim, tomei coragem...".[3]

Esdras tinha o toque e, não importava onde estivesse, Deus o usava de maneira poderosa.

UMA MARCA DISTINTIVA

As histórias do AT falam sobre a Shekinah, a glória de Deus, que conduziu os filhos de Israel através do deserto do Sinai. Uma nuvem de dia e uma coluna de fogo à noite manifestavam a divina presença do Senhor.[4] Essa presença, embora levasse o povo a confiar na vitória, tinha uma função ainda superior: era o que distinguia aquele povo de todos os outros na face da terra.

Quando Deus ameaçou retirar sua presença, Moisés implorou ao Senhor:

> Se não fores conosco, não nos envies. Como se saberá que eu e o teu povo podemos contar com o teu favor, se não nos acompanhares? Que mais poderá distinguir a mim e a teu povo de todos os demais povos da face da terra?[5]

O que torna o povo de Deus separado de qualquer outro povo não são nossos equipamentos ou nossa linguagem. Não será nossa música, nossos programas ou nossos adesivos de carro. Será a presença do Senhor — sua mão sobre nós.

Por anos, fui um aluno ávido da "mão de Deus". Algumas vezes assisti à sua mão repousar sobre certas pessoas e ministérios e permanecer ali por décadas. Outras vezes, eu o vi remover sua mão da vida de um ministro e colocá-la sobre outro. Observei também as conseqüências sofridas por um ministério que uma

---

[3] Esdras 7.28.
[4] V. Êxodo 13.21.
[5] Êxodo 33.15,16.

vez havia desfrutado de seu toque, mas agora estava privado de sua mão. Esse ministério não existe mais.

Meu maior medo não é afastar-me de Deus. Não é arruinar meu casamento ou cair nas drogas. Meu maior medo é perder a mão de Deus sobre a minha vida. Sem o toque divino, qualquer coisa que eu fizer, como disse Salomão, será "vaidade de vaidades!".[6]

---

[6] Eclesiastes 1.2; cf. 12.8 (*ARA*).

Ungido com alegria

// ESCRITURAS

Amas a justiça e odeias a iniqüidade; por isso Deus, o teu Deus, escolheu-te dentre os teus companheiros, ungindo-te com óleo de alegria (Hebreus 1.9, citando Salmos 45.7).

//OBSERVAÇÃO

Isso nos faz lembrar da fonte da felicidade! Não se trata simplesmente de manter-se exultante. Não é um pensamento positivo nos lembrando de ser felizes. Em vez disso, é uma "unção" dada por Deus. Ele próprio estabelecerá uma dispensação especial de profunda e duradoura felicidade sobre aqueles que *amam a justiça e odeiam a iniqüidade*.

Nas línguas originais, hebraico e grego, a palavra "iniqüidade" significa "ser ingovernável". É a incapacidade ou indisposição para ser governado. A incapacidade de ser corrigido e de ser levado à submissão. É como um cavalo selvagem que recusa o freio. É uma vida que se recusa a ser colocada sob supervisão ou disciplina. Ela se transforma em um coração impossível de ser ensinado.

A felicidade é o resultado de uma vida disposta a submeter-se a disciplinas que produzirão frutos.

//APLICAÇÃO

Preciso amar a justiça, pois ela produz uma confiança constante e satisfação à minha alma. A felicidade não vem somente por fazer o que é certo, mas também por gostar de fazer o que é certo. É uma unção de felicidade, e não uma felicidade meramente esporádica.

//ORAÇÃO

Pai, isso é algo que quero muito experimentar! Por favor, derrama tua unção de felicidade sobre mim. Eu serei uma pessoa que ama a justiça e odeia a iniqüidade. Ajuda-me a permanecer capaz de ser ensinado e submisso àqueles que tu colocas em minha vida para me treinar, guiar e dirigir.

IMPLORANDO POR SUA MÃO

Eliseu implorou por uma dupla porção do espírito de Elias. Ele não ficou esperando pela possibilidade de que isso acontecesse. Implorou por isso e estava disposto a agir como se a resposta ao seu pedido fosse garantida. Podemos apelar pela mão do Senhor? Podemos implorar por seu favor?

Moisés fez isso.

> Disse Moisés ao SENHOR: "Tu me ordenaste: 'Conduza este povo', mas não me permites saber quem enviarás comigo. Disseste: 'Eu o conheço pelo nome e de você tenho me agradado'. Se me vês com agrado, revela-me os teus propósitos, para que eu te conheça e continue sendo aceito por ti. Lembra-te de que esta nação é o teu povo". Respondeu o SENHOR: "Eu mesmo o acompanharei, e lhe darei descanso".[7]

Moisés não tinha trilhado aquele caminho antes. Precisava de um Guia, mas Deus ainda não lhe tinha dado a conhecer quem seria enviado. Moisés precisava de um mentor, um técnico, um guia.

Deus disse que enviaria seu Espírito, ou sua presença, na forma da Shekinah. No NT, Jesus chama seu Espírito de Conselheiro: "E eu pedirei ao Pai, e ele lhes dará outro Conselheiro para estar com vocês para sempre".[8] A palavra original traduzida como "Conselheiro" é Paracleto, que significa "aquele chamado para ajudar".

Deus nos oferece um Auxiliador para nos escoltar em nossa vida. Não há nenhum guia maior, nenhum mestre mais inteligente, nenhum conselheiro com mais discernimento. O mentor divino está disponível a cada um que implorar por sua mão.

> "Porque sou eu que conheço os planos que tenho para vocês", diz o SENHOR, "planos de fazê-los prosperar e não de lhes causar dano, planos de dar-lhes esperança e um futuro."[9]

---

[7] Êxodo 33.12-14.
[8] João 14.16.
[9] Jeremias 29.11.

Jeremias 29.11 é o versículo da minha vida. Sempre agradeço a Deus o futuro que ele planejou previamente para mim. Devo admitir, contudo, que nem sempre consigo enxergar esses planos. Se eu pudesse vê-los, talvez não fosse capaz de trilhá-los. Certo? Errado.

Cursei a faculdade de teologia durante dez anos, antes de me mudar para o Havaí. Um dos pontos altos era o acampamento universitário de verão. Sendo no meu íntimo ainda uma criança, aquela semana me proporcionava uma desculpa para relaxar e desfrutar a vida!

Uma de nossas práticas era acordar as crianças na madrugada da segunda noite no acampando e levá-las para andar a cavalo na escuridão. Debilitados por terem dormido pouco na primeira noite, as crianças tropeçavam para fora da cama resmungando por algo naquilo que seus pais haviam gastado muito dinheiro. Para a equipe, entretanto, aquilo era essencial: precisávamos estabelecer as regras de convivência para que a garotada pudesse obedecer no restante da semana.

Encarreirados no campo aberto, eles pareciam bárbaros fatigados. Nós os conduzíamos através de uma rota pré-planejada, com uma pegadinha: apenas os líderes tinham lanternas. Sabíamos onde estávamos indo, embora os meninos não tivessem a menor pista disso.

Tudo isso era intencional — o que queríamos era mantê-los perto de nós! O objetivo maior era permanecer perto daqueles que conheciam o caminho. O que eles não sabiam é que nós os estávamos conduzindo em uma rota circular para uma fogueira crepitante, que nos esperava com biscoitos e chocolate quente.

SEGUINDO O GUIA

Nesta vida, podemos saber que Deus tem um plano, mas como aqueles jovens exploradores, com freqüência caminhamos no escuro. Sem dúvida, há uma pessoa que conhece o caminho.

É o nosso Divino Mentor que conhece cada centímetro desta rota divinamente ordenada. Observe quando ele entrou em ação:

> No princípio Deus criou os céus e a terra. Era a terra sem forma e vazia; trevas cobriam a face do abismo, e o Espírito de Deus se movia sobre a face das águas.[10]

O Espírito foi introduzido no segundo versículo do primeiro capítulo do primeiro livro da Bíblia! Em outras palavras, ele estava lá antes que o tempo começasse. Antes que fôssemos criados e antes de Deus ter escrito seus planos para meu futuro, o Espírito Santo estava lá! Assim ele conhece o meu futuro. Sabe onde devo terminar. Sabe no que devo transformar-me. Conhece todos os planos divinos, e não apenas isso...

Ele conhece o caminho!

Posso não saber o que o meu futuro guarda, mas sei quem guarda esse futuro. Assim, meu objetivo na vida é permanecer próximo do nosso Guia. Não conheço o caminho, mas o Espírito conhece! Ele estava com Deus na sala de projetos divinos durante todo o pré-planejamento.

"Porque somos criação de Deus realizada em Cristo Jesus para fazermos boas obras, as quais Deus preparou antes para nós as praticarmos", Paulo declara.[11] O Senhor nos criou deliberadamente para as boas obras, e ele pretende nos fazer cumpri-las. Isso porque ele nos designou um Conselheiro, o nosso Divino Mentor, para nos ensinar em nossa herança.

A melhor coisa que posso fazer por mim mesmo é manter um relacionamento íntimo com aquele que conhece o caminho. Ele me conduzirá pela escuridão e para o seu mais elevado grau. Ele planejou dessa forma porque sabia que, se não o fizesse, eu

---

[10] Gênesis 1.1,2.
[11] Efésios 2.10.

sozinho me afastaria, perambulando por trilhas sem saída e sendo surpreendido por trincheiras.

Eu permanecerei perto do meu Guia, e meus períodos diários com Deus me aproximarão dele cada vez mais.

A DIFERENÇA ABSOLUTA

Percebo que as pessoas que permanecem perto do Auxiliador são as mesmas pessoas que têm o toque de Deus em sua vida. A mão de Deus está sobre elas. Elas podem parecer pessoas comuns, mas na realidade estão longe da média.

Os astrônomos dizem que estamos viajando a mais de 100 mil quilômetros por hora em um globo rotatório que gira a uma curvatura de 23,5 graus. Estamos girando mais rápido que o ciclo giratório de nossa máquina de lavar! E não temos muito tempo à frente — mais alguns giros e tudo estará terminado. O salmista nos faz lembrar que nossa vida é como um sopro.[12] Tiago se refere à sua duração como uma "neblina".[13]

Também temos muito pouco tempo à frente para nos tornar aquilo que Deus planejou para nós. Aumentar a atividade na direção errada tornará vãs todas as coisas. Nós precisamos de um Guia!

Leia novamente o que disse Moisés a Deus:

> Se não fores conosco, não nos envies. Como se saberá que eu e o teu povo podemos contar com o teu favor, se não nos acompanhares? Que mais poderá distinguir a mim e a teu povo de todos os demais povos da face da terra?[14]

Minha palavra final para você: Faça tudo o que puder para integrar as lições deste livro à estrutura de sua vida. Isso não é teoria — é algo testado e comprovado.

---

[12] Salmos 39.5.
[13] Tiago 4.14.
[14] Êxodo 33.15,16.

Todos os mentores de todas as eras esperam por você. Não os deixe esperando. Examine a Bíblia diariamente, e haverá uma poeira celeste sobre tudo o que você fizer.

Isso é o que nos distinguirá de todas as outras pessoas no mundo, mais do que qualquer equipamento ou enfeite.

Essas coisas somente farão sua velocidade diminuir.

Apêndice: Questões mais freqüentes

Respondemos, a seguir, às perguntas mais freqüentes sobre o método dos quatro passos.

1. Por que devo fazer um diário?

Algumas pessoas me dizem:
— Wayne, eu leio a Bíblia, mas não faço um diário. Devo mesmo fazer um diário?
— Sim.
— Por quê?

Bem, em parte porque em Deuteronômio Deus exigiu que os reis de Israel escrevessem de próprio punho toda a sua Palavra, e, então, lessem diariamente o que haviam escrito. Deus ordenou essa prática para que o coração dos reis não se elevasse sobre os outros e não se tornasse orgulhoso.

Agora, como dissemos anteriormente neste livro, se Deus fez essa exigência diária aos reis de Israel, creio que não é pedir muito que os filhos do Rei também o façam. Um tempo regular e reverente diante da Bíblia mantém nosso coração no caminho certo.

Há outras razões? Eu as listei no capítulo 6. (Consulte, por exemplo, a seção "Honrando a Deus com nossas anotações".) Acima de tudo, fazer um diário ajudará você quando vierem as provações — e elas virão.

Além disso, como comunicador, aconselho-o a fazer um diário porque sei que, quanto mais você aprender a escrever, melhor será a sua comunicação. Você se torna mais capacitado a articular pensamentos complexos. Você desenvolve a habilidade de mostrar seus sentimentos e idéias de maneira efetiva e poderosa. Quando você for chamado a manifestar-se, será capaz de comunicar-se mais efetivamente porque aprendeu a escrever.

Sir Francis Bacon certa vez declarou: "Ler torna a pessoa completa; falar em público a torna rápida; e escrever a torna exata". Hoje, diríamos que escrever torna-nos pensadores mais exatos.

À medida que você escreve, torna-se um escritor profissional: "Humm, este adjetivo não funciona; este advérbio é mais preciso; esta seqüência de palavras soa melhor". Escrever ensina-nos a realizar isso automaticamente. Da mesma forma que você começa a falar espontaneamente, também começa a escrever com estilo de maneira natural. Você pensará com seus botões: *Esta frase funciona melhor que esta, e isto é melhor que aquilo*. Em nanossegundos, você está escrevendo de maneira profissional. A prática regular de escrever um diário será uma ajuda tremenda para desenvolver suas habilidades de comunicação.

2. Que versão da Bíblia devo usar?

Eu não sou muito exigente quanto à versão da Bíblia que deve ser usada em nossas leituras. Quero apenas que a Bíblia seja estudada regularmente. É lógico, você não vai usar uma versão autodenominada *A nova tradução do mundo* — certamente uma versão falsa produzida por alguma seita obscura. Basta assegurar-se de ter uma versão que você possa entender.

Uma série de boas paráfrases bíblicas pode ser encontrada. Por exemplo: *A Mensagem* (**no prelo, Editora Vida**); *Cartas para hoje* (Vida Nova); *Bíblia na Linguagem de Hoje* (Sociedade Bíblica do Brasil); *Nova Tradução na Linguagem de Hoje* (Sociedade Bíblica do Brasil); *A Bíblia Viva* (Mundo Cristão). Essas versões traduzem a mensagem da Bíblia para o português, idéia por idéia (em vez de palavra por palavra).

Outras versões procuram traduzir palavra por palavra mais que idéia por idéia. Algumas das mais populares são: AEC: *Almeida Edição Contemporânea* (**Editora Vida, 1990**); ARA: *Almeida revista e atualizada* (Sociedade Bíblica do Brasil); Arev: *Almeida Revisada* (Juerp/IBB); A21: *Almeida 21* (Vida Nova/Juerp); ARC: *Almeida Revista e Corrigida* (Sociedade Bíblica do Brasil).

Em algum ponto entre esses dois grupos está uma tradução como a *Nova Versão Internacional* (**Editora Vida, 2001**), que é a Bíblia em inglês, mais vendida há muitos anos. É essa a versão usada na presente obra. A NVI usa vocabulário, fraseologia, gramática e sintaxe compreensíveis pela maioria dos adultos.

Escolha qualquer versão que lhe pareça mais adequada. Independentemente do que você escolher, permita-se conhecer esse Livro! Conheça-o de todo o seu coração. Escolha sentar-se regularmente aos pés do Senhor e ouvir a sua Palavra.

3. O que há de errado em usar outros livros nas minhas devocionais?

Algumas pessoas me dizem: "Faço minhas devocionais diárias, mas leio *Tudo para ele* (Betânia) ou *Nosso pão diário*. O que há de errado em usar livros como esses? Eles não se baseiam na Bíblia?".

Eu respondo: "Há somente um livro no universo que Deus prometeu inspirar; e não é de J. Oswald Chambers; além disso, aposto que o próprio Chambers nunca usaria um argumento como esse! O único livro que o Senhor prometeu inspirar é aquele que Paulo, em Efésios 6, chama de a 'espada do Espírito' ".

Logicamente, não é uma questão de isto *ou* aquilo, mas de isto *e* aquilo! Antes e acima de tudo, porém, você precisa ir diretamente à Palavra para encontrar orientação infundida por Deus. É isso o que *inspiração* significa: "infundida por Deus".

A Bíblia suportou o teste do tempo. Outros volumes podem ser clássicos que permanecem populares por cem ou mesmo mil anos. A Bíblia sobrevive desde o princípio e seu fim nunca chegará. Nós simplesmente devemos retornar à Bíblia.

4. Por que é tão importante fazer devocionais todos os dias?

Vamos mudar um pouco a questão. E se Deus nos desse os seus olhos? Se, por permissão divina, pudéssemos olhar as coisas por intermédio dos olhos de Deus, ver não como o ser humano vê, mas como ele vê? E se nos fosse permitida uma metamorfose momentânea e víssemos a verdadeira condição espiritual das pessoas? Nosso coração ficaria partido ou aliviado com o que veríamos? Tristes ou surpresos? Angustiados ou apavorados?

E se pudéssemos enxergar, não como nos vemos uns aos outros, mas como Deus nos vê? O que aconteceria se pudéssemos fazer, pela fé, uma oração como a que Eliseu fez a respeito de seu servo?

> SENHOR, peço-te que lhe abras os olhos para que veja. O SENHOR abriu os olhos do moço, e ele viu que o monte estava cheio de cavalos e carros de fogo, em redor de Eliseu.[1]

Qual seria a aparência das pessoas de sua igreja se elas fizessem refeições rápidas durante toda a semana e comessem somente uma boa refeição no final de semana? Você sabe a resposta, não sabe? Você estaria rodeado de pessoas enfraquecidas e desesperadamente carentes de nutrição.

E como esses crentes subnutridos conseguiriam enfrentar um adversário como o Demônio? Você consegue imaginar como seria esse exército? Você veria esqueletos esfarrapados com bochechas côncavas e olheiras profundas, alinhados como fantasmas.

---

[1] 2Reis 6.17 (*ARA*).

Enfraquecida pela fome, essa franzina milícia mal poderia manter-se em pé; cada um lutaria por forças para manter sua estrutura óssea ereta.

Esse "exército" poderia vencer a força adversária?

De jeito nenhum. Nenhum general terreno os mandaria para a batalha.

Bem, então, o que dizer do exército do Senhor? E daqueles que se reúnem nas manhãs de domingo? Eles estão espiritualmente nutridos para enfrentar as batalhas por vir? Considerando que a maior parte dos membros do exército de Deus apenas subsista — fazendo um lanche ocasional com um livro devocional ou talvez uma refeição mediana aos domingos para saciar a consciência —, você teria de concluir que a força de batalha de Deus tem um sério treinamento pela frente.

Você já pensou por que casamentos parecem desmoronar da noite para o dia e — de forma inesperada — líderes cristãos caem em tentação?

A verdade é que nenhum casamento se desintegra *instantaneamente*, e ninguém se afasta de Cristo de uma hora para outra. Por falar nisso, ninguém morre de um distúrbio alimentar depois de ficar um ou dois dias sem comer.

Isso seria mais bem descrito como um lento declínio — uma gradual privação alimentar, raramente perceptível a um observador externo. A subnutrição dos filhos e filhas de Deus acontece ao longo do tempo, à medida que eles comem cada vez menos. Então, em sua fraqueza, eles fazem alguma coisa que choca as pessoas, revelando o que estava de fato acontecendo em sua vida espiritual.

Você sabia que mais de 80% daqueles que se denominam cristãos lêem a Bíblia apenas uma vez por semana? E isso geralmente aos domingos, na igreja. Eles vão à igreja em busca de preenchimento espiritual, e então beliscam guloseimas devocionais no restante da semana (quando o fazem).

Eu gostaria que, apenas por um dia, Deus mudasse a maneira em que nossos olhos funcionam, para que pudéssemos enxergar a nós mesmos espiritualmente. Veríamos a maioria das igrejas norte-americanas cheias de santos esqueléticos e vazios, parecendo ervas levadas ao vento.

É por isso que, quando alguma nova tendência invade os Estados Unidos e afasta nossa nação ainda mais de Deus, para ainda mais longe de nossas raízes espirituais, a igreja é incapaz de opor-se à maré. Simplesmente não temos força para isso.

Então, qual é a solução?

Como mencionei antes, o *American Journal of Medicine* [Jornal norte-americano de medicina] publicou há pouco uma conclusão altamente reveladora: a saúde da América no século XXI não será determinada por aquilo que as pessoas pedem aos médicos que façam por elas, mas por aquilo que os médicos pedem a elas que façam por si mesmas.

Você percebe como essa prescrição se aplica igualmente à igreja? Se nos alimentamos apenas uma vez por semana, não é surpresa que a igreja esteja fraca e em lutas. Mas pão fresco diário pode mudar tudo isso. Alimentar-se regularmente de pão fresco cria um exército vigoroso, forte e maduro — o único tipo de força que sempre fará diferença neste mundo.

5. *E se eu não tiver tempo?*

Embora saibamos que ler a Bíblia é importante, algumas vezes não achamos tempo para fazer leituras regulares. São tantas coisas acontecendo em nossa vida — estamos sempre extremamente ocupados! Gostaríamos muito de nos banquetear com a Palavra de Deus, mas quando teremos tempo para isso?

Esta é minha resposta para essa alegação: "*Sempre* encontramos tempo para as coisas que consideramos importantes e agradáveis".

Se achamos que o golfe é importante, encontramos tempo para jogar. Podemos nos sentir fracos e cansados em uma manhã de domingo, sem vontade de freqüentar um tedioso culto na igreja — mas se um amigo nos convidar para experimentar um novo campo de golpe, encontraremos a energia necessária.

Como sempre temos tempo para as coisas de que gostamos e consideramos importantes, o que isso diz sobre nós, se alegamos simplesmente não encontrar quarenta minutos por dia para gastar na companhia de Deus?

6. Algumas passagens bíblicas são difícies de entender. E se eu entender somente 10% delas?

Você não está sozinho nisso. Pedro entendeu exatamente o que você está passando. Preste atenção a estas palavras:

> ... o nosso amado irmão Paulo vos escreveu, segundo a sabedoria que lhe foi dada. Em todas as suas cartas ele escreve da mesma forma, falando acerca destas coisas. *Suas cartas contêm pontos difíceis de entender...*[2]

Eu amo essa passagem. Se Pedro enfrentou dificuldades, certamente não precisamos sofrer se não compreendermos tudo. No entanto, não paramos aqui. Mencionei isso anteriormente neste livro: se você não entende 90%, então não ocupe seu tempo com aquelas coisas que você pode estar "perdendo". Faça o seu diário com base nos 10% que você *realmente* compreendeu.

Seja fiel ao que Deus lhe revelar. Quando você agir assim, na próxima rodada entenderá 20%, então 40%, então 60%. Obedecer ao que você realmente compreende é essencial para receber revelações futuras. Se eu não aplicar as verdades que compreendo, por que o Senhor deveria me revelar verdades que ainda não compreendo?

---

[2] 2Pedro 3.15,16 (*AEC*).

E aqui está uma grande oração para quando você estiver lendo as Escrituras. Davi me ensinou a fazê-la, e a mesma oração está disponível para você:

> Desvenda os meus olhos,
> para que veja as maravilhas da tua lei.[3]

Deus o fará.

7. E se eu perder um ou dois dias de leitura bíblica?

Não desanime! Quando você retomar sua agenda, comece com a leitura do dia corrente. Não volte até o dia em que você parou para recuperar o tempo perdido. Comece com a leitura agendada para o dia atual e preste atenção ao que Deus lhe está dizendo. Então, quando você tiver algum tempo extra, retome o plano de leitura e revisite os dias que você perdeu. Se forem várias semanas, sugiro que você simplesmente reinicie com a leitura do dia que você está vivendo e, no próximo ano, recupere todo o terreno perdido.

Refute qualquer condenação. Rejeite o desânimo e a culpa. Estamos todos em fase de crescimento, desenvolvendo hábitos santos. Não aceite acusações, remorsos ou sentimentos de fracasso em seu método devocional.

Apenas alegria!

8. Quanto tempo deve levar a elaboração do diário?

Nós desenvolvemos o método a 20/20/20 (veja o capítulo 10). São vinte minutos para leitura, seguidos de vinte minutos para a preparação do diário e, então, em um ambiente de grupo, vinte minutos para compartilhar o que escrevemos em nossos diários. A duração total dos grupos de vida é, em média, de uma

---

[3] Salmos 119.18 (*AEC*).

hora. Se você estiver fazendo suas devocionais sozinho, pode aplicar a mesma equação, exceto na parte de compartilhamento. Nesse caso, você pode completar suas devocionais em quarenta minutos.

9. Se tivermos um grupo grande, nem todos terão tempo para compartilhar. O que devemos fazer, então?

Alguns de meus grupos comportam até 40 pessoas. Na verdade, já tive grupos que chegaram a 200 participantes. Uma reunião desse porte não é problema.

Depois de nossos vinte minutos de leitura e vinte minutos de preparação do diário, eu divido o grupo em agrupamentos menores, de três ou quatro participantes, e eles lêem seus diários uns para os outros. Então, quando terminamos, eu posso ler o meu diário e fazer alguns comentários a respeito. Ou pedimos a algum voluntário dos grupos que compartilhe suas idéias. Você sempre encontrará amigos interessados em compartilhar uns com os outros!

10. Geralmente, faço minhas devocionais sozinho. Não deveria ser um tempo particular apenas entre mim e o Senhor?

Lembre-se: não estou sugerindo uma espécie de grupo de estudo bíblico clássico no qual uma pessoa ensina e todas as outras ouvem suas histórias e comentários.

No grupo de vida, durante seus primeiros quarenta minutos, ninguém fala! O Espírito Santo está ensinando a cada um, individualmente. Você está sozinho com ele, mesmo que haja muitas pessoas à sua volta. Cada pessoa é "cercada" pelo Senhor.

Os vinte minutos finais, contudo, são dedicados a prestar atenção e a aprender. Quantas vezes tive momentos de revelação por intermédio do diário de outra pessoa. Assim, com freqüência, eu me enriqueço por ter compartilhado com outros que também estão ouvindo a voz de Deus. Nunca me senti impedido de ocupar "meu lugar secreto" com o Altíssimo.

11. Tentei envolver meu pastor na idéia de utilizarmos um livro no estilo do **Diário de vida,** *mas ele diz que tem o próprio plano de leitura. Fiquei muito frustrado. O que devo fazer?*

Nenhum método é o único que pode ser considerado correto. Minha sugestão é que você comece o trabalho com um livro juntamente com aqueles que gostarem de se reunir. Aproveite o diário, saboreie esses encontros e veja como Deus os utiliza para transformar sua vida. Deixe o Espírito aperfeiçoar isso para incluir cada vez mais pessoas. Comece, porém, com profundidade, não com pressa.

12. Onde podemos encontrar livros de devocionais?

Você pode encontrá-los em sites, entre outros: "Nosso pão diário": http://www.nossopaodiario.net

Você pode também comprar livros de meditações diárias:
A Bíblia, minha companheira – **Vida**
Uma vida com propósitos – **Vida**
Oração com propósitos para mulheres – **Vida**
Bíblia devocional da mulher (NVI) – **Vida**
Online com Deus – **Vida**
Encontros com anjos – **Vida**
Tudo para ele – Betânia
Mananciais no deserto – Betânia
Fontes no vale – Betânia
Série: *E-mail de Deus* – Hagnos

13. E se eu não tiver dinheiro para comprar um livro?

Todos os dias gastamos nosso dinheiro sem grandes preocupações. Gastamos o equivalente a um diário para fazer uma refeição em um restaurante *fast-food*.

Investir em seu crescimento em Cristo é o maior investimento que você pode fazer. Quando refletimos a respeito, concluídos que muitos de nós gastamos mais em um ingresso de cinema do que naquilo que nos pode trazer dividendos eternos! Não se deixe enganar pelo mito de que algo como o crescimento espiritual não lhe deveria custar nada.

Posso ouvir meu amigo Davi chamando na sala ao lado. Ele nos faz lembrar suas palavras a Araúna: "Não darei ao S<small>ENHOR</small> aquilo que pertence a você, nem oferecerei um holocausto que não me custe nada".[4]

Uma pessoa que não compra um diário para poupar dinheiro é como alguém que desliga o relógio para poupar tempo.

Aprenda a investir em seu crescimento pessoal com Cristo. Não existe aventura mais sublime.

14. Se eu não puder adquirir um livro, por onde devo começar?

Uma sugestão é comprar um caderno ou bloco de notas e organizá-lo como um devocional. Deixe a primeira página para o sumário e a segunda para uma lista de orações. Então comece a numerar suas páginas diárias a partir da terceira página.

Seu sumário deve conter a data, as referências bíblicas, o título e o número da página. Você também pode fazer uma cópia de um plano de leitura e colar no seu diário. Quando tiver concluído esses passos, estará pronto para começar!

15. E se alguém compartilhar o seu diário e estiver teologicamente incorreto?

Não tema. Isso dará a você a grande oportunidade de praticar suas habilidades pessoais de demonstrar generosidade na liderança. Paulo nos faz lembrar isso:

---

[4] 1Crônicas 21.24.

Irmãos, se alguém for surpreendido nalguma ofensa, vós, que sois espirituais, corrigi o tal com espírito de mansidão. Mas olha por ti mesmo, para que não sejas também tentado.[5]

Como cristãos, precisamos de fóruns abertos à discussão de diferentes perspectivas, e algumas delas podem ser realmente discordantes! Discutam-nas e reflitam sobre elas reunidos em grupo. O Espírito Santo estará lá para ajudar e, se você se vir diante de uma polêmica, leve-a a uma pessoa que possa estar mais avançada em sabedoria, e/ou reserve tempo para pesquisar a respeito do tema. No final, todos os participantes terminarão mais sábios e dotados de maior capacidade de discernimento.

No entanto, lembre-se de *resolver a questão sem prejudicar os relacionamentos*. Nunca troque uma amizade saudável por uma "vitória" em uma batalha apologética. Não vale a pena. O corpo de Cristo está repleto de batalhas teológicas não resolvidas: por exemplo, "Uma vez salvo, sempre salvo", o "Evangelho da Prosperidade" e o tempo determinado para vários eventos escatológicos.

Apesar disso, nós somos o corpo de Cristo, e podemos seguir adiante sem que um ponto de vista particular seja suportado.

---

[5] Gálatas 6.1 (*AEC*).

Título

// ESCRITURAS

//OBSERVAÇÃO

//APLICAÇÃO

//ORAÇÃO

Título

// ESCRITURAS

//OBSERVAÇÃO

//APLICAÇÃO

//ORAÇÃO

Título

// ESCRITURAS

//OBSERVAÇÃO

//APLICAÇÃO

//ORAÇÃO

Título

// ESCRITURAS

//OBSERVAÇÃO

//APLICAÇÃO

//ORAÇÃO

Esta obra foi composta em *Agaramond*
e impressa por Gráfica Corprint sobre papel
Chambril Avena 70 g/m² para Editora Vida.